大夏书系·教育艺术

小学主题
教学活动35例

基于核心素养

林波 著

华东师范大学出版社

全国百佳图书出版单位

目录
CONTENTS

第三辑　　学会学习

第四辑　　健康生活

序

好友邀请我为《小学主题教学活动35例——基于核心素养》一书作序，这让我有点儿为难。因为，作序于我而言是一件苦差事，我不是那种大领导，下面的人把序写好，领导大笔一挥签个名即可；我得仔细阅读全书，再思考一番，然后动笔。现在的我，身兼人民日报社甘肃分社与兰州大学新闻学院两方面的工作，事务缠身，忙碌不堪，阅读整部书稿并静下心来作序，实在是勉为其难之事。

但是当我看到本书作者的名字时，便不忍心再加推脱了。林波——这与我的名字林治波仅一字之差，不禁让我感叹机缘之巧，天下再大，路途再远，也难隔人与人之间的机缘。

这本书实际上是林波老师在教学实践中累积的精彩教学案例的选编。书中，林老师用35个与学生学习和生活有关的问题作为教学案例，展开了方式各异、丰富多彩的教学实践。通过教学实践，创新开展活动，以丰富、生动的形式让学生在亲身体验和动手实践中，获得真实的感受，形成自己的思考，以此来促进学生核心素养的提高。林波老师把这些案例按照核心素养的六大方面，大致分为人文底蕴、科学精神、学会学习、健康生活、责任担当和实践创新八个部分，涵盖了学生学习、成长的方方面面。实际上，书中涉猎的内容不限于上述六个方面，还涉及如何做人、如何处事，以及爱国主义精神与国际视野，等等。

书中的35个案例，各有不同，内容丰富，但有相同的规范——每个案例分为三个部分：设计缘起、教学设计与实施、反思与建议。阅读起来，简洁清晰，很是方便。

35个案例中，有的出自林老师的思考和设计，而更多的是在教学和管理中随时随地碰到的矛盾、困惑和问题，被她相机拿来与学生一起分析讨论，甚至进行争论，在讨论和争论中或逐步达成共识，或保留学生的不同认识，从而形成很好的教学案例。一些学生的不良生活习惯、抑郁心理，以及偷窃习惯等，都通过教学讨论和教育引导得到纠正或改进。从这个角度看，本书是林老师在一线工作的成果，是第一手实践的结晶，弥足珍贵。

通观全书，其要旨在于超越应试教育而为真正的素质教育提供理念、案例与方法。在应试教育饱受诟病而我们却又不得不向应试教育妥协的今天，这是极为可贵的探索，其本身就具有创新性。

不要以为小学教师的教学就是肤浅的。作为一个过来人，我在阅读这本书、品味林老师生动活泼的教学中，也感受到了盎然的趣味和很强的启发性。其中，关于美国禁酒令的讨论，关于南海问题的讨论，以及关于韩国申遗的讨论等，都具有相当的辩证性、批判性和思想深度。孩子们在这种丰富多彩、生动活泼而又具有思想深度的讨论中，不仅学到了很多知识，而且开阔了视野，启发了思维，深化了思考，在不知不觉间逐渐地成长和成熟起来。这种成长和成熟，初步奠定了每一个孩子漫长人生的基础。

由书而人，可以感受到作者的苦心、爱心和责任心。此书内容丰富，从字里行间完全可以感受到林老师的人格与情怀。她是那么认真，那么用心，那么诚挚，那么热爱自己的工作，又是那么爱护和尊重自己的学生。这不禁让我想到了丰子恺、陶行知等著名教育家的师德风范。我不知道林老师在自己的学校里获得了怎样的评价，得到了什么荣誉，但仅从这本书的编写中足以做出一个判断：这是一位真正意义上的好老师，有德又有才——敬业爱人之德，教书育人之才。

我想，假设我的孩子还处于中小学阶段，我很愿意，甚至很希望将自己的孩子送到林老师的班里。当然，如果做不到这一点，替代性的办法就是让孩子所在的学校采用这本书，或者让自己的孩子也读一读这本书。我做此推荐，完全没有商业目的，仅仅是出于一个简单的理由：这是一位好老师撰写的一本好书，对您的孩子有益。

借此机会，我本人还要"兜售"一个关于教育的个人见解：要改变"乖孩子就是好孩子"的旧观念，包容和善待调皮捣蛋的孩子。

当今的时代是日新月异、充满挑战的时代，我们在这个时代里进行国家和社会建设，需要的是有创造力、有想象力、有主见、有胆识的开拓型人才，光是顺从听话，怎能解决问题？

几千年来，我们的教育重规矩有余，容个性不足，压力重重，规矩多多，以致不少孩子只会死记硬背，不会随机应变，考试成绩很好，但创造能力较差，千人一面，缺乏个性。

改变旧的教育观念，确立新的教育观念，不妨从容许孩子调皮捣蛋做起。嬉戏玩耍、调皮捣蛋是孩子的天性，也是他们的权利。成人没有权利泯灭孩子的天性，剥夺他们的权利。

许多事实已经证明，调皮捣蛋的孩子，成人后往往是有主见、有活力、聪明能干和富于创造性的人。小时候调皮淘气，不得不频繁更换私塾的毛泽东，就是一个例子。

当然，调皮捣蛋的孩子总免不了磕磕碰碰，出点儿事故或者制造一些小麻烦。对此，家长、教师要宽容谅解，不必大惊小怪，更不应呵斥打骂。当然，调皮捣蛋也与其他事情一样，总要有个度，不可太出格。为此，家长、教师应时常给孩子注意安全的提醒，防范出现大的事故。

任何事情都是利弊兼存的，关键是利多还是弊多。宽容孩子的调皮捣蛋，势必会带来一点儿负面后果，但从长远看，这是值得付出的代价。如果我们能够成熟和长远地看问题，那么对调皮捣蛋的孩子，就应当有一个新的认识和评价。对于直接承担孩子教育责任的教师和家长来说，尤其如此。

是为序。

林治波

2016 年 11 月 27 日

第一辑

人文底蕴

知花语，走世界

中国的鬼节，外国的鬼节

了解节日背后的饮食文化

炖法国，煮西游，品苏轼

什么是男孩的美

知花语，走世界

一、设计缘起

一天，一个学生来到我的办公室，兴高采烈地说："我妈妈从日本回来带了很多鲜花，特别漂亮，我挑了一种很罕见的，送给您！"我仔细一看，是"黑百合"，的确很漂亮，很少见。但想到每种花都有自己的花语，我便逗问她："谢谢你送我的花，花香很浓郁！但是你知道这种花的花语吗？"她奇怪地问："什么是花语？"我笑着逗她说："你是想诅咒我，还是想和我恋爱呢？"

看着她有点儿莫名其妙的样子，我笑着说："每种花都有自己的花语，往往是约定俗成的，需要我们在社交礼仪中加以注意。我知道你送我花是表示友好，表示喜欢我，老师很感谢你，但是这种花的花语是诅咒、恋爱。我不会怪你，但是希望你长大后不要盲目地送给别人这种花，不然可能会闹笑话的。"

她惊讶地看着我，四目相对，我们俩都笑了。回到班里，这个学生把这事跟同学讲了，同学们很感兴趣，一整天都在讨论花语。

既然学生如此热衷，我想能否借此机会给他们讲讲关于花语的知识，让学生了解世界礼仪，从中感受丰富的人文、地理、历史知识，提高修养。

二、教学设计与实施

● 第一环节：了解花语

　　我首先让学生到小区周围的花店或公园寻找鲜花拍照，也可从网上找，然后通过看书、查阅资料了解花语，选择自己喜欢的三种花，制作成 PPT 介绍给大家，要求是：说出花名、别称、产地、花语、相关故事，等等。

　　学生非常兴奋，当天就在班级微信圈中晒出了许多鲜花的照片，真是千姿百态，让我也跟着学习了许多花卉知识。

　　以下是学生的介绍。

　　我介绍的是番红花。在古希腊，番红花的雄蕊晒干后，用作染料、香料以及药材。因为出口番红花很兴盛，所以公元前 15 世纪克里特岛的壁画上经常会出现这种花。它的日文名叫泪夫蓝，中国名叫藏红花，原产于欧洲南部。它的花语最特别，是不要得意忘形。这是我妈妈常常教训我的话。为了不让妈妈再唠叨，我对她说，以后不要唠叨了，送我这朵花就行啦！

　　我介绍的是鹤望兰。它的名字源于英国乔治三世王后及家族的姓氏（Reginae），原产地是南非，还有一个别称叫天堂鸟。Reginae 有女王的意思，这种花颜色灿烂，形状像极乐世界的鸟，所以它的花语是走运、热烈。我喜欢这种花，它造型很独特。我更喜欢它的花语——走运。

　　我介绍的是向日葵。它的原产地是北美洲，是由哥伦布介绍到欧洲的。印第安人把向日葵称作太阳神，因此这种花当时也被叫作印第安的太阳。由此，我了解到大航海时期所带来的不仅是淘金，还让人类有了更多的交流，就像现在的互联网，让交流变得更容易。

　　我来介绍松叶菊。因为它叶子太多，适合占卜，所以花语是空闲和游手好闲。它原产于南非，别名叫龙须海棠。它的叶子像松针，花型像菊花。

　　我介绍的是太阳花。它原产于阿根廷、巴西。我过去学过《太阳花》这篇课文，现在查阅资料才知道这里还有故事。据说很久以前，有一个耐不住性子的少年，总会因为一点点小事就和别人打架。有一次，他正要拔手枪时，看到脚下被踩烂的太阳花，心中一震，放弃了拼命的念头，从此也不再急躁。因此，它的花语是天真烂漫，不过我觉得还应加上改邪归正。

……

看到学生有这么多的收获，对了解花卉知识如此感兴趣，我很高兴。花语是世界文化的一个小小缩影，让学生从花语中感悟世界，也是一个很好的途径。

● 第二环节：花语游戏
为了让学生能根据具体情境运用所学知识，我设计了几个场景，让他们思考并设计应该送什么花。提前出示题目，由学生课下准备，然后在课上辩论，大家评议。

题目一：清明节，我们要去烈士陵园扫墓，以表达感恩和纪念，应该送什么花？

下面是学生的发言：

我觉得应该送金盏花，它代表悲伤，送给烈士，表达哀思，比较合适。

我觉得不应该送金盏花，因为它的花语是由水精灵对阿波罗的思念转变而来的。应该送百日草，这种花很艳丽，能表达我们浓烈的感恩之情。它的花语是思念远方的友人，我觉得很恰当。

我觉得应该送千日红，因为它的花语是不朽和不褪色的爱。这种花送给烈士最能表达我们的心情。因为我们不认识烈士，不能算友人，但他们为国家和社会做出了很大的奉献，我们应该表达感恩，那就是不褪色的爱。

我觉得应该送马利筋，这种花来自古希腊神话中的医神，很早就成为药材，被人喜爱。它总是能把人们从痛苦中解救出来，所以它的花语是让我重获新生。许多革命烈士牺牲时并不悲伤，而是英勇不屈，相信自己的奉献会给人民带来幸福，这对于他们来说是重生。

我觉得不好，重获新生往往是说过去做错事的人，现在改好了。送烈士应该表达对他们的敬仰，所以我觉得应该送一串红，它的花语是表示尊敬。我觉得无论是高官还是普通人，都应该尊敬烈士。

我觉得应该送宫灯百合，因为这种花的花语是祈祷和对祖国的思念。我想烈士们虽然已故，但是他们的精神和灵魂一定在祈祷祖国会变得更好，一定对祖国充满思念。

听到学生如此丰富、有趣的言论，我很吃惊。他们经过有目的的学习，这么快就拥有了大人都难以想象的知识储备，这是不可思议的。我想：学生所接触的广阔世界，是教师小时候所无法比拟的，为此教师必须多学习，快进步。

题目二：如果一对欧洲青年结婚，你会送给他们什么花？

学生发言如下：

我送长春花，名字就很吉祥，永远是春天。它的花语更好，是愉快的回忆。更重要的是，这种花还是治疗癌症的重要材料，所以送这种花，可以祈祷他们的婚姻不会出现问题。

结婚应该祝福未来，我决定送南天竹，它的花语是对你的爱愈加深厚。这多好啊！

我送香豌豆花，因为爱德华七世在他的皇位授予仪式上用过便一夜成名，在庆典上经常使用。

我觉得香豌豆花做庆典聚会场合的装饰可以，但是不能送给新婚夫妇，因为它的花语是片刻的喜悦和短暂的欢愉。这怎能送给新婚的人呢？

我觉得应该送百合花，因为中国人讲究百年好合，这对新人是最好的祝福。

百合的颜色很圣洁，象征纯洁，象征新人的爱情纯洁，我觉得可以。

我觉得送毛剪秋萝，它的花语是我的爱不变。这对新婚夫妻是最好的了。他们都追求始终不渝的爱，这是最美好的祝福。

在精彩的辩论中，学生对与花有关的世界礼仪有了初步了解。虽只是皮毛，但意识有了，兴趣培养起来了，说不好将来哪位学生就会在这块田野里"开花结果"呢。

● 第三环节：设计花束

在学生已经了解了许多花语后，我决定让他们亲自试一试。每个人根据家里的实际情况，设计一种花束，并讲出设计意图，然后由大家评议出最有意义的花束。

设计提示：可以给新婚夫妻、喜迎贵子的人、过寿的老人、客人，等等，也可以为自己的家设计，如摆在客厅里、卫生间里、餐桌上，等等。

学生的设计丰富多彩——

有学生要送给老师一本书，书的外包装上装饰着一枝凌霄花和常青藤，代表老师在自己心中很有名望，希望老师事业长青。有的学生在家里的玻璃瓶中插上满天星和康乃馨，代表对母亲的祝福。有的学生为即将大学毕业的姐姐设计了一品红和柠檬叶花束，祝福姐姐找工作幸运、顺利。有的学生因为考试成绩提高很多，为帮助过自己的家教老师设计了风铃草花束，因为它

学生设计的花束

代表感谢。有的学生给过生日的妈妈设计了紫海葱花束，它的花语是青春永驻，这让妈妈很高兴。最有意思的是，一个学生说他刚出生的小外甥奶名叫拳头，于是他送了日本辛夷、大凌风草和嘉兰花束。因为日本辛夷在日语里发音同"拳头"，而且此花的花语正好是怜爱，他送给新生儿时受到了大家的一致赞扬。

许多家长纷纷在班级微信圈中抒发感想，他们惊讶于自己的孩子居然可以懂得这么多花卉知识，感动于家里让孩子这么一装饰，氛围都不一样了。

三、反思与建议

（1）这次活动给我的最大启发是：教师完全可以借助微小的事物来培养学生的国际视野和人文底蕴。在这次活动中，我借用生活中常见的花，培养学生用自己的眼睛透过鲜花看世界，学习与世界打交道，以小见大，效果非常好。

（2）教师要不断拓展自己的视野，不断学习，跟上时代的步伐。以本活动为例，学生讲的许多知识对于我来说也是第一次听到，颇有教学相长的意思。这也让我感到了压力——从教十几年，我面对的学生已经与十几年前的大不相同，我如果不进步，就会落在学生的后面。

（3）教师要善于从日常的教育生活中获取设计活动的素材。国际理解、人文底蕴好像看不见、摸不着，其实是可以在日常教育生活中找到很多落脚点的。

2 中国的鬼节，外国的鬼节

一、设计缘起

一次，我在课间无意中听到学生的谈话：

"我们二年级的同学欣欣，你还记得吗？"

"记得，二年级去美国的那个。"

"对呀，她入基督教了。我从妈妈的微信中看到她受洗礼了，她的父母都为此感到自豪。"

"为什么自豪？"

"好像信基督教就能成为有修养的人，被人尊重。"

"看人家美国就是强！咱们国家什么都没有。"

"就是，她还说那里过万圣节，要戴上鬼的面具狂欢，想一想许多人戴着鬼的面具庆祝节日，多有趣啊！羡慕死了！"

学生的议论引起了我的思考，他们对西方文化一知半解，对祖国的传统也所知不多。万圣节是其他国家的鬼节，中国也有自己的鬼节——中元节。作为教师，我应该借此机会让学生多了解这些知识。

二、教学设计与实施

● 第一环节：探索对比中外鬼节

上课时，我问学生："谁知道鬼节？请起来讲一讲。"

学生热情洋溢地讲开了，把国外的鬼节讲得头头是道，诞生的原因、节日的含义，表述得十分清楚，看来他们非常关注。

我又问："谁能给大家讲一讲中国的鬼节？"

这下学生面面相觑了。

我说："不仅外国有鬼节，中国也有鬼节——中元节。大家分小组讨论一下，看看怎样才能把鬼节讲明白。"

各小组讨论后，大家都选择用对比的方式来讲解。于是，小组长带领组员设计了对比项目，充分收集资料，然后归纳整理。一组学生用多媒体讲述了有关中元节的知识：

中元节，俗称鬼节、七月半，佛教称为盂兰盆节。农历正月十五日，汉族称上元佳节，乃庆元宵，古已有之；七月十五日，汉族称中元节，祭祀先人；十月十五日，汉族称下元节，乃食寒食，纪念贤人。中元节在农历七月十五日，部分地区在七月十四日。原是小秋，有若干农作物成熟，民间按例要祀祖，用新米等祭供，向祖先报告秋成。因此，每到中元节，家家祭祀祖先，供奉时行礼如仪。七月十五上坟扫墓，祭拜祖先。

东汉时，道教定下三会五腊日，其中七月七日为道德腊，又是中会，即固定的道民到治所接受考校的日子。七月的这一祭祖日期，后来随着道教将中元地官的生日和相应祭祀日期定于七月十五日，而固定于这一天。

传说该日地府放出全部鬼魂，民间普遍进行祭祀鬼魂的活动，所以它整个是以祀鬼为中心的节日，系中国民间最大的祭祀节日之一。

以下为学生听完故事后的发言：

我发现中国的节日和地名经常是对应的，有中元节，就有上元节、下元节，有西直门就有东直门。

我发现上元节是追求团圆祥和，中元节是表达感恩祖先、传达思念之情，下元节是纪念贤士、崇尚忠义。

我发现中国人对家里逝去的先人非常重视，以表达感恩之情。

另一组学生讲述了万圣节的由来：

第一种　传说自公元前五百年，居住在爱尔兰、苏格兰等地的凯尔特人认为 10 月 31 日是夏天正式结束的日子，也就是新年伊始，严酷的冬季开始的一天。那时人们相信，故人的亡魂会在这一天回到故居地，在活人身上找寻生灵，借此再生，而且这是人在死后能获得再生的唯一希望。活着的人惧怕死魂来夺生，于是人们就在这一天熄掉炉火、烛光，让死魂无法找寻活人，又把自己打扮成妖魔鬼怪，把死人之魂灵吓走。之后，他们又会把火种、烛光重新燃起，开始新的一年的生活。到了公元 1 世纪，占领了凯尔特部落领地的罗马人渐渐接受了万圣节习俗，将庆祝丰收的节日与凯尔特人的仪式相结合，戴着可怕的面具，打扮成动物或鬼怪，则是为了赶走在他们四周游荡的妖魔。这也是今天全球大部分人以古灵精怪的打扮来庆祝万圣节的由来。时间流逝，万圣节的意义逐渐起了变化，变得积极快乐起来，喜庆的意味成了主流。

第二种　关于万圣节由来的传说源于基督诞生前的古西欧国家，主要包括爱尔兰、苏格兰和威尔士。这几处的古西欧人叫德鲁伊特人。德鲁伊特人的新年在 11 月 1 日。新年前夜，他们让年轻人集队，戴着各种怪异的面具，拎着刻好的萝卜灯（南瓜灯系后期习俗，古西欧最早没有南瓜），游走于村落间。这在当时实则为一种秋收的庆典。也有说在"鬼节"时，传说当年死去的人，灵魂会在万圣节的前夜造访人世。人们应该让造访的鬼魂看到圆满的收成，并对鬼魂进行丰盛的款待。所有篝火及灯火，一来为了吓走鬼魂，二来也为鬼魂照亮路线，引导其回归。

在交流中进行深入的对比，学生发现中西方鬼节的相同点是：对鬼魂都很重视，都有一种敬畏之情，都在表达自己对幸福美好生活的向往。

不同点是：东方文化认为应该表达感谢，祭祖活动是鬼节的重要内容，而西方文化认为鬼会夺走幸福，于是大多是为了驱赶；西方穿上鬼的衣服和面具迎接鬼节，而东方是制作精美的荷花灯等来寄托思念。

于是，我再次提问："你们的知识都是来自网上，有没有更好的方法，可以让我们更好地了解鬼节？"学生众说纷纭，讨论后提议：暑假里一起过一回中国的鬼节——中元节，亲自体验一下。

● 第二环节：中元节放河灯

我给学生播放中元节人们认真纪念祖先并在河中放灯的录像，他们被那种神秘仪式中的庄严气氛所打动。

我对他们说："任何一群人生活在一起，都会根据当时的历史环境形成一种连接。通过它，人们感到互相之间以一种深厚的持久性紧密地团结在一起，形成一种内心的安全感、认同感。有了这种认同感，就有了自己的精神家园。比如，宗教就是集体生活的一种隐蔽形式。近代欧洲商业发达，很多人会通过入教仪式建立起认同感，让心灵有所归属。而在我老家的山村，因为人员基本不流动，相对闭塞，离省会也较远，就会形成宗族模式，以稳定人们之间的关系，形成相互认同。"

放河灯之前，我提出了一个要求："中元节不能随便放个河灯就算了，要自己设计活动目的和规则。"

学生经过几次修改后，制订了这次活动的方案：

（1）调查家里已经逝去的长辈做出的贡献，由此决定为谁做河灯。

（2）和父母一起，为逝去的长辈制作河灯，写一首小诗，树立感恩意识，增进亲情。

（3）中元节放河灯，表达感恩之情。感受中国传统仪式的魅力，形成对祖国文化的认同。

中元节的晚上，我和学生一起在河边放河灯，真诚地读自己写的诗，欣赏河上河灯漂流的动人景象，感受中国人特有的表达方式和祭奠仪式。学生都觉得中国的中元节很感人、很庄重，很具有中国式的浪漫情怀。

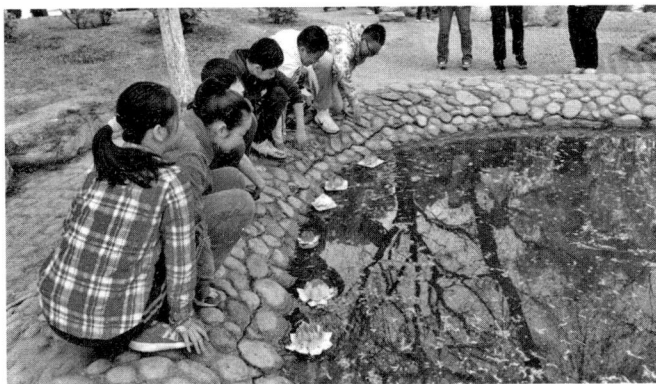

中元节放河灯

活动中，我们结合语文课进行了中元节诗歌创作活动，学生的作品非常精彩：

感　恩

水中花盏朵朵，

心中情意涟涟。

感恩祖辈付出，

创设美好生活。

盼相见

河灯带去我们的思念，

花灯送去我们的笑脸。

我相信您也想我，

夜里梦中相见。

● 第三环节：感悟中元节的内涵

结合本学期最后一节作文课《我的长辈》，讨论发言。部分学生的发言如下：

我爷爷从小就是孤儿，但是他很好学，总是追着师傅学手艺，自己研究、看书，不怕吃苦，最后成了电机厂的厂长。他为全家的幸福生活不懈地奋斗，他是我们一家人的楷模。

我奶奶从年轻时就自己养育孩子，因为爷爷是军人，没有时间管家。奶奶在老家一个人养大了两个孩子，冬天洗衣服手都冻坏了还不休息，把我爸爸和叔叔照顾得很好。我爸爸和叔叔都考上大学后，村里人都夸我奶奶。我非常敬佩我的奶奶。

我姥爷是个工程师，可他对谁都和蔼可亲，从来都不高高在上，大家都喜欢他。因为他谁家的忙都帮，会木匠活也会电工，还会修理小家电，邻居谁家东西坏了都找他，他从来也不拒绝，经常摆得客厅满满的，甚至影响走路，可姥爷从无怨言。我看到大家对他都那么尊敬，很崇拜他！

我说："从你们的发言中，我看到了中国人的优秀品质。他们勤劳、善良、乐于助人，所以被大家认可和尊敬。我今天也给你们讲一个我知道的优秀长辈的故事。我的家乡是贵州省的一个小山村，那里只有三个姓。这三个大家族的人都尊敬我的太爷爷，谁家有了难处他都会帮。比如，年老体弱的人家，秋收缺人手，他会召集大家商量，轮流出力帮助。谁家小两口打架了，他会出面调停，因为他德高望重，所以大家都听他的话。为什么会德高望重呢？因为新中国成立前，到处闹土匪，许多人家被抢，他就主动把家里的钱都拿出来，号召大家一起出钱出力修防御工事。他就像村里的法官，虽没有工资，也不是领导，但却是人们心中最信赖的人。"

学生听得入迷，纷纷说："这个人太伟大了！"

我说："这样的长辈，值得我们纪念吗？"

学生纷纷说："中元节说起来是鬼节，其实是一个很温馨、很亲切、很浪漫的节日，它传达的是温情，其中有思念，有温暖，有感恩，有希望。这是我们中国鬼节的特色。"

我说："这就是探索实践的结果，你们发现了我们民族文化的一个很重要的特色——浪漫情怀。"

三、反思与建议

（1）因为近代中国落后挨打的现实，以及对传统文化的一些片面认识，不少国人对我们的传统文化并没有深刻的了解。忙忙碌碌的现代社会，也让父母没有了安静和孩子相处的机会，更没有心情和孩子一起品味中国传统文化中的精华，导致中国如此多的优秀传统文化离孩子太遥远。在这个活动中，学生自己设计，用对比的形式探索东西方鬼节的不同，认识到了每种文化都有精彩的一面，我国传统文化也大有深意。事实证明，学生非常渴望自己的民族也有特色的仪式，这也许是一种原始的心理归属。在教学过程中，教师以生动活泼的形式帮助学生认识、体验这些传统文化，对他们形成国家认同，非常有必要。

（2）教师开展德育工作要有创新意识。比如，我在活动中，并没有给学生讲道理，而是用鲜活的故事让他们自己品味，感知中国文化的特点，去触摸，去体验，在玩中感受到趣味，感受到自豪，自然而然就会生成对祖国的热爱。

（3）教师要根据学生的困惑补充自己的知识。学生好奇心强，对陌生而有趣尤其是充满神秘色彩的仪式非常向往，这时教师就要提前了解相关仪式知识，提高解决学生困惑的能力。

3 了解节日背后的饮食文化

一、设计缘起

圣诞节那天，学校在雕塑旁摆放了两棵圣诞树，孩子们都很喜欢。我认为可以因势利导，借此机会让学生充分感知国内外的节日文化，于是就有了一段讨论。在讨论中，学生也提到了各种节日中的饮食文化。因此，我决定从饮食文化的视角出发设计一个活动，帮助学生更好地理解、热爱我们的优秀传统文化。

二、教学设计与实施

● 第一环节：中国节日与外国节日中特色饮食的对比

我们开展了"中国节日与外国节日中特色饮食的对比"活动，主要是让学生阅读有关书籍，并在班里展开讨论。学生的发言非常有趣，并拿来许多节日物品来展示，讨论非常激烈。

我从《中国饮食文化》一书中懂得，中国的饺子需要大家一同来包，一起来吃，体现的是中国人喜欢团聚，相互关心、相互祝福的文化。

中国人过节大多会祝福别人，有时还在饺子中藏个枣或糖，不是为自己，而是为了别人有个好兆头，这说明中国传统文化更多的是关心他人。

对呀，圣诞节时孩子们睡醒等待袜子中的礼物，也是为了让自己的心愿得到满足。这一点在任何一个国家都一样，都希望孩子能够健康、幸福、快乐。

我从《东西方饮食异同》一书中知道：外国的比萨有什么好吃的都摆在表面，说明他们直爽、单纯，而中国的馅饼把好吃的都包在里面，这说明我们民族性格中的不张扬，追求内涵。

……

听到这样的发言，我真是激动不已，说："孩子们，祝贺你们有这么多新的思考和发现。每个节日的背后、每个民族特有的食物里，都体现了人们对生活的理解，都会映射着这个民族的文化传统。我们民族一直都有包容友善、顾全大局、尊老爱幼、谦让奉献的美德，我们一定要坚守！"

● 第二环节：走进中国菜的世界

看到饮食文化已经激起了学生的兴趣，我打算让他们更加深入地从中国饮食中增加自己的人文底蕴。于是，我让学生回家学做一道自己喜欢的菜肴，然后把菜肴的特点介绍给大家，尤其注重查阅每样食料的作用。

学生制作菜肴的兴致很高，他们积极设计自己的"大餐"，并从中体验到了中国食材的丰富多样，更认识到了中国烹调技术的变化多端。更主要的是，感受到了中国菜中的审美追求：崇尚自然。

● 第三环节：分享各国饮食的奇妙趣味

学生通过大量阅读，了解了许多中医保健的常识，在交流自己做的菜肴时，也讲出了许多烹饪与健康的知识和奇闻怪事，这大大开阔了他们的眼界。

学生做菜肴

例如，学生在谈到姜时，就做了很清晰的讲述：姜有嫩生姜与老生姜之分，做酱菜要用嫩姜，药用以老姜为佳。姜含有挥发性姜油酮和姜油酚，具有活血、祛寒、除湿、发汗等功能。此外，还有健胃止呕、辟腥臭、消水肿之功效。民谚称，"家备小姜，小病不慌"，还有"冬吃萝卜夏吃姜，不劳医生开药方"的说法。比如：口嚼生姜，可以促进消化液分泌，增进食欲；可使肠张力、节律和蠕动增加；外出旅游，在肚脐上贴一片，也可以放在鼻旁嗅闻，有防晕车晕船之效；用生姜、红糖熬制的姜汤，可活血驱寒，防治感冒，自古就是风寒感冒的食疗良药；姜对伤寒杆菌、霍乱弧菌，有明显的抑制作用……生姜益寿，《东坡杂记》中记述了杭州钱塘净慈寺 80 多岁的老和尚，面色童相，"自言服生姜 40 年，故不老云"。传说白娘子盗仙草救许仙，此仙草就是生姜芽。生姜还有个别名叫"还魂草"，而姜汤也叫"还魂汤"。它还可以解毒。

这次活动收到了很好的效果，让学生知道了食品不仅仅是食品，传统特色饮食中还有文化，知道了每个国家的人民都会在劳动中创造属于自己的辉煌，而且他们也品尝到了自己的劳动成果。

三、反思与建议

（1）中华民族的饮食文化博大精深。通过这样的活动，不仅培养了学生的劳动习惯，使他们感受到了饮食的乐趣，还使学生透过饮食感受到了传统文化，更加热爱祖国，可谓一举多得。

（2）教师设计饮食文化活动，还可结合本土特色食品。中国各地几乎都有代表性食品，如果能让学生了解这些食品在当地发展的源流并学会制作，也是非常有意义的。

4 炖法国，煮西游，品苏轼

一、设计缘起

2013 年，我代表海淀区参加了北京市的评优课，课的名字叫《美丽的地球村》。那节评优课，我获得了一等奖，但是课后总是心潮难平。因为在前期调查时，我看到学生填的调查表中有这样的话："巴西在美国东部""喜马拉雅山是中国的""意大利、法国到处都是小偷""热带雨林中的部落是野蛮的下等民族"等。这些言论让我震惊。在学生小小的心灵中，世界还很模糊，而许多偏激的言论已在他们纯洁的心灵中涂抹上了不和谐的色彩。

北京市海淀区万泉小学的校训是：做人，做中国人，做现代中国人，做现代世界人。如果学生用错误的思想或知识来理解世界，怎能达到这个目标？纵使学生可能会经常出国，但对地理知识也是知之甚少；纵使他们家境富裕，心灵却狭窄得容不下他族文化……内心盲目自大，将来在遇到挫折时，很容易出现心理问题。

我决定从《美丽的地球村》一课出发，带领学生周游世界，树立一种包容、欣赏、友善的世界观。"炖法国""煮西游""品苏轼"这一个个"雷人"的名字，就是那次市级评优课之后的延伸。

二、教学设计与实施

● 第一环节：“炖法国”

在一次班会课上，我在黑板上写下了“炖法国”这个题目，让学生猜一猜这是什么意思。学生被这“雷人”的题目激起了浓厚兴趣，各抒己见。我告诉他们：“如果要想成为现代世界人，就要心中有世界。什么叫心中有世界？首先应该了解每一个民族的优秀文化，了解每一个国家的独特历史，才能公平、全面地了解世界，才能有一双多角度看问题的眼睛，形成一颗博爱而包容的心灵，从而接纳其他民族。”

接下来，我要求每个学生收集法国的相关知识，找出自己感兴趣的内容，并对相关内容做出评价。一周后的班会课上，将举办一场关于这个主题的“脱口秀”。

在之后的班会课上，学生的发言可谓百花齐放，有的讲法国历史，有的讲法国国王，有的讲法国著名建筑，有的讲法国的酒文化，有的讲法国的礼仪，等等。优异的表现，让我惊叹不已。

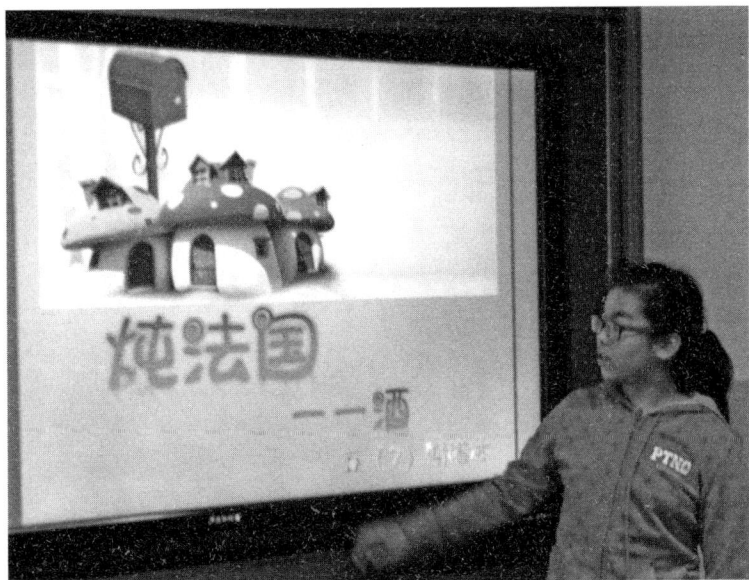

学生介绍法国的“酒”

以下是学生的部分发言：

我了解了法国的酒文化后，希望将来中国人在喝酒时也能从举止到神态都像法国人那样优雅，而不是非要把人灌醉，伤及健康。

看到凯旋门的浮雕，真的能感受到一种力量，一股团结向上的勇敢之气。难怪每个国家都会把一些雕塑矗立在广场或花园的公共区域，因为那些雕塑凝聚着民族精神。

法国人就是吃不饱饭也会买束花放在家里，这让我看到他们心灵中的童真和浪漫的民族特质。

等大家发言完毕，我说："刚才有同学给出了法国20世纪30年代著名服装设计师设计的流行服装，你们有没有产生联想？"我让学生再次打开那张图，有学生观察后发现，中国20世纪30年代的电影中，上海富家小姐经常穿这样款式的服饰。于是，我继续引导："根据这幅简单的图，你们能推断出什么？"

有的学生说："那时中国的上海经济很发达。""那时中国的上海能跟上

学生介绍法国流行服装

世界潮流，因此被称作'东方明珠'。""大上海很富裕。"我继续引导："但那时的中国上海街头流浪的儿童也有很多，《三毛流浪记》就是那时的写照。中国真的富裕吗？"

学生沉默了一会儿，有的说："不富裕，但有人能穿上世界知名品牌的服装，说明有的人很穷，有的人很富有。"有的说："这说明世界各国人民都喜欢美的东西。"

"同学们的分析多么深刻！你们今天真的不仅把法国'炖'熟了，而且还想清楚了许多相关的问题。现在，法国在你们的心里已经不是平面的了，它是立体的、有血有肉的，并且与其他国家紧密联系。其实，每个国家、每个民族都有它的优点和缺点，国与国之间总是相互影响、共同发展的。"

在这个活动中，我不想统一学生的思想，非要什么问题都找出一个标准答案，世界上许多东西是没有标准答案的。我追求的是学生真正乐于用自己的眼睛去观察，用自己的心灵去发现，养成善于探究、乐于思考的习惯，养成善于从多角度思考问题的能力。果然，在后来的"炖美国""炖巴西""炖朝鲜"等专题讨论交流时，学生发言的角度都很特别。

● 第二环节："煮西游"

在"炖"过十几个国家之后，学生掌握了如何欣赏一个国家的方法。后来，我又调整了一下方向，让学生把已经掌握的技能拓展到更多领域。他们即将毕业了，我想应该教会他们用学到的这些技能去整读一本书，拓展读书的方法。于是，又开展了"煮西游"的活动。

我对学生说："怎样读懂一个国家、一个民族，你们已经很有办法了！能不能把这些方法运用到其他方面的学习中？这次我们要上一个新台阶。人们都说'一千个人眼中有一千个哈姆雷特'，所以今天我们要开始'煮西游'，看谁能把大家耳熟能详的《西游记》讲出耳目一新的感觉。"

一周后，我们准时举行了"煮西游"的脱口秀活动。学生都做了PPT。他们有的对作者吴承恩感兴趣，讲了《西游记》诞生的历史背景。有的对猪八戒感兴趣，说猪八戒并不仅仅是好吃懒做，还有很多优点，比如：有人情味、有正义感、有同情心、不拔尖、心胸宽、爱老婆等。有的喜欢孙悟空，觉得他武艺高强、勇当重任、敢作敢为、诚实守信，一些同学发表评论说："当今的社会就缺这样的人，否则就不会有小偷做坏事还那么嚣张的事了。"还有的人欣赏书中描写玉兔的句子，对其中唯美婉约的笔法大加赞赏。最后，班里一个很博学的学生居然从中推论道："这部书集儒家、道家、法家的思想于一体，是一部很经典的著作，每一次阅读都会读出不同的感受。"

听到这些精彩的发言，想到学生们即将进入初中，我又抛出一个问题："这几个徒弟都比唐僧的本事大，为什么都甘心听他的呢？"他们在一阵激烈的争论之后明白了：唐僧是一个有信念的人，武艺再高强，没有信念也会像失去方向的船，随波逐流。信念、理想、目标对一个人的成长，是很重要的。就像那句话说的："一只船如果没有目标，那么无论从哪个方向吹来的风都不会是顺风。"学生听后，若有所思。

我接着在黑板上写下：你有目标吗？请给自己制定一个目标。学生静静地思索，认真地制定。一个个经过深思熟虑后制定的奋斗目标，就这样缓缓地呈现在学生的笔下。

"煮西游"不仅煮出了学生对《西游记》的感悟，更引导他们开始审视自己的生活和学习。下课后几个学生和我开玩笑式说的话，我至今记忆犹新："老师，您真能'煮'！我过去从未觉得《西游记》能读这么深刻，一直觉得就是一部神话故事，好玩而已。"一位班里公认的小作家接着说："哎呀，我还曾经觉得自己也能编出一部《东游记》《北游记》什么的，这次让我懂得了经典的深刻、丰富，怪不得妈妈总说我幼稚。"……

● 第三环节："品苏轼"

这次是在充分阅读后，师生一起分享成果：学生讲苏轼的品格、苏轼对朋友的正直与真诚、苏轼的诗词风格，还顺带批驳了苏轼对爱情的态度——很有个性的宋贝怡在苏轼对待爱情的态度上提出质疑："既然苏轼对妻子那么有情有义，为什么没多久就娶了第二个妻子？我觉得他的感情并不专一。"

这个问题像一枚重磅炸弹，一石激起了千层浪。我很高兴学生能用批判

品读苏轼

的眼光看待问题，这说明他们不再人云亦云。于是，我把这个问题抛出来让大家放开讨论：

有学生坚持认为苏轼是有情有义的："再婚并不能说明他无情无义，现在也有丧偶后再结婚的。"有的说："他如果有情有义，就应该不再娶，坚守爱情。"有的说："妻子死去，爱情只能放在心里，再寻找新的幸福没什么不对。"

"听说过'环肥燕瘦'这个词吗？为什么胖瘦都是美的？"我这样提示他们。学生思考后逐渐明白：评价一个人，不能离开时代背景。

这时肯定苏轼的一方，更是有理有据："苏轼生活的年代重男轻女，一个男人可以娶好几个妻子，这是大家认可的。""当苏轼的妻子死后，他没有忘记她，在当时已经很难得了，而且还写出了'十年生死两茫茫，不思量，自难忘'这样情意绵绵的诗句，说明他的确与众不同。"

听到学生有独特见解的发言，我惊叹他们的思维！教育，是多么有意思的一件事，那是点亮心灵的过程。

最后，我总结道："同学们，苏轼是不是个有情有义的人，现在已经不重要了，重要的是你们对于真善美的追求，这才是最可贵的！你们能够在认识一个人时，关注他的生长环境，站在他的角度想问题，这实属难得！希望将来你们与身边的人发生矛盾时，也能以这样的心态去思考，那你们就将成为最快乐的人！"

三、反思与建议

（1）怀特海在《教育的目的》一书里说，从联系的角度看，课程应是整体的、协调统一的，而不是片面、零散和各自为政的。他明确指出："要消除扼杀现代课程活力的各学科之间互不联系的严重现象，教育不能只是给学习者提供一种游离于生活和实践之外的多个科目的目录单，教育只有一个主题，那就是五彩缤纷的生活。"现在，各门学科之间存在着联系不严密的严重问题。我设计的这一系列活动，综合了语文、历史、品德、实践等多门学科，貌似看不出是什么课，但学生非常喜欢，也收到了很好的学习效果。

（2）学习可以很有趣。这一系列活动需要学生查阅、储备很多知识，时间长达两个月，但因形式有趣，内容开放，学生的热情高涨，从中掌握了多种读书的方法，体会到了阅读的巨大作用。在以后的教学中，我们不妨多设计一些这种"肆无忌惮"的、自由的但有目的的学习形式。

（3）教师要多学习人文知识。这种活动需要多元知识，如果没有足够的知识积淀，就很难出彩，所以建议教师在平时的阅读中多阅读历史、地理等书籍，力争融会贯通。

5 什么是男孩的美

一、设计缘起

一天上课时，我发现一个男生总是梳理自己额前的头发。他的发型明显是经过悉心设计的，头顶的头发很时尚地向前立着，比后面的头发长。过了几天，又有两个男生也理了同样的发型。

我平时不愿意过多地控制学生，班级学生的穿着打扮是比较自由的，所以也没当回事。可过了半个月，我发现这几个男生都把 T 恤衫的领子立起来装酷，在同学中很是招摇。

哦，是的，男孩子们到了爱美的年纪了！他们应该追求怎样的美呢？于是，我设计了"我眼中的男神"的活动。

二、教学设计与实施

● 第一环节：找美男

我给学生留了一项作业：全班学生寻找历史上的美男及其故事，收集起来，以便在周一班会上的"美男故事会"环节使用。学生找到的美男可真不少：周恩来、汪精卫、项羽……下面是几个学生找到的古代著名美男及其故事：

（1）潘安极美，受时人追捧。他的美貌毋庸置疑，每次出去游玩时，总有大批少女追着他，给他献花、献果。潘安每次回家时，都能够满载而归，这就是"掷果盈车"典故的由来。《晋书·潘岳传》里记载了这个小故事。

（2）南北朝梁武帝非常欣赏沈约的细腰，他也曾为此风光一时。李煜词中"沈腰潘鬓消磨"一句，指的便是沈约。明代诗人夏完淳也有"酒杯千古思陶令，腰带三围恨沈郎"之诗句，其中的细腰男子也指沈约。但他后来遭排挤，享年73岁。

（3）汉哀帝爱董贤的俊美，封其为高官，一起吃住。起床时为了不影响董贤的好梦，甚至把衣袖割断。在汉哀帝病死的第二天，董贤在家中自杀，为哀帝殉情。死时还保留着汉哀帝留给他的玉玺。董贤死后，王莽疑心其假死，命人开棺验尸，没收其财产，将其家属全部充军流放。

……

讨论这些美男的故事后，学生得出了一些结论：（1）靠美色得到皇帝的宠信，无论官多高，最后也会是羞愧死去，下场不会太好。（2）如果才貌双全，就要懂得审时度势，太过张扬，美貌会给自己带来厄运。（3）最终得到好结果的美男，主要是靠自己的才学，如周恩来。

透过历史事实，学生明白：外表的美并不能真正成就自己，还可能成为自己堕落的缘由；应该追求内在品质，提高才学、本领，最终才会获得别人的尊重。

● 第二环节：走进马云

我让学生读马云的书，了解他在面对困难时的态度和做法，分析马云成功的原因，感受马云的精神，并在此过程中，引导学生更多地关注一个男人取得成就，是什么因素在起作用，让学生懂得：即使长得不美，也能成功；学习不够出类拔萃，也一样可以有未来；男子汉在危难中要保持冷静，勇敢面对，只要有信念，去坚持，就会看到曙光。

下课后，我和那几个男生讨论：时尚发型很重要吗？他们都露出羞涩的表情，十分可爱。我对他们说："追求外表整洁、美丽，是很重要的，我不阻止你们追求个性，但个性更多的是一种内在品质……"几个学生很开心地接受了我的建议，改变了发型。

● 第三环节：召开"我眼中的男子汉"的故事会

我在全班留了一项作业：每人收集一位自己欣赏的、堪称男子汉的人，做自己的榜样，并说明原因。

第二天，学生收集了许多自认为可以当作榜样的人：马云、钱学森、林徽因、周恩来、林肯、李连杰、乔布斯、达尔文、圣女贞德、岳飞、苏轼、邓小平等。当然，马云的粉丝最多。

学生在讲述为什么要选择这个人做榜样时，开始关注这些人内在的品格了，知道向上、向善了，懂得内在品质对获得尊严的重要性了，懂得应该用珍贵的生命去创造价值了。我会心地笑了。

下面是学生的发言记录：

我选苏轼做榜样，因为他豁达、乐观，有才学，爱人民。

我选李连杰做榜样，因为他武术好，不断挑战自己。

我选南丁格尔做榜样，因为她善良、坚定。

……

种子种下了，还需要继续"浇水"。一周之后，我又让学生总结这一周哪里做得像自己的榜样。

下面是学生的发言：

我对同学友善了。过去我总不喜欢让别人用我的文具，现在乐于帮助别人了。

我开始写小说了，要像林徽因一样做一个才女。

我把头发剪了，要做有内涵的男子汉，博览群书，像周恩来一样。

……

这样坚持了一个学期，到期末时，我们评出了"我眼中的男神""我眼中的女神"。评比标准：说到做到，真的努力向自己的榜样学习，并有明显的变化，被大家认可。活动形式：先自己讲述是怎样努力向榜样学习的，再展示成果，然后投票选举。

学生纷纷说出自己的努力过程，并在这个过程中再次受到了熏陶，懂得只有内在品质的提升，才会得到大家尊重的道理。

三、反思与建议

（1）培养审美情趣是核心素养的重要内容，是人文底蕴的重要方面。培养学生发现、感知、欣赏、评价美的意识和基本能力，具有健康的审美价值取向，是十分重要的。小学高年段的男生，已经进入关注自身形象的阶段，教师有必要设计恰当的活动，引导他们建立健康的审美趣味，树立正确的价值观念。本次活动中，我不仅引导学生认识了什么是真正的男子汉，还让他们自选了积极向上的人生榜样，相信会给男孩们的成长留下深刻的烙印。

（2）学生进入小学高年段后，往往不愿再听从说教。这个时候，教师就要避免喋喋不休的口头教育，懂得学生的心理，善于在班级中创设环境，巧妙地引导学生。需要注意的是，设计的活动，千万不要太严肃、针对性太强。这次活动中，我让学生自由寻找榜样，在交流比较中引领他们感受人们对美的评判标准。学生完全是自由的，教育全过程是在宽松的氛围中进行的，效果非常好。

第二辑

科学精神

6 垃圾食品为什么不能吃

一、设计缘起

一天午饭后，一个学生拿出薯片津津有味地吃起来，搞得好几个学生向他"学习"，第二天也带来了各种薯片、饮料。看到这种情景，我留了一项作业：把自己爱吃的和不爱吃的食物分别罗列出来。第二天，经过汇总，薯条、炸鸡、薯片名列学生最爱吃的食物榜首，大约30%的学生不爱吃蘑菇，25%的学生不爱吃蔬菜。

看到这个结果，我忧心忡忡，不禁想到：学生需要科学理智地选择有营养的食品，虽然电视、报纸、学校广播、品德课上经常宣传垃圾食品的危害，但他们依然如故。到底怎样才能改变学生对垃圾食品的"钟爱"呢？

我觉得必须让学生亲眼看到垃圾食品的"恐怖嘴脸"。俗话说，耳听为虚，眼见为实，让学生亲自做做科学实验，应该比说教效果更好。

二、教学设计与实施

● 第一环节：请食品专家现场做科学实验

我请来了专业机构的食品专家范老师给学生做实验，让他们亲眼看到果汁饮料、薯片等的制作过程。

第一个实验：烧薯片。

范老师点燃了镊子上的薯片，一滴一滴的油开始滴落，学生发出惊呼声。烧完后，滴出的油漂在水杯里，是灰色的，学生感到很恶心。

烧薯片

制作果汁

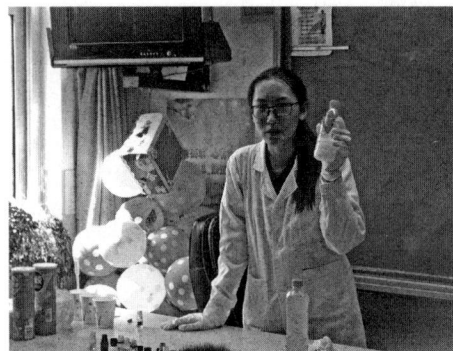
制作牛奶

第二个实验：观看果汁的制作过程。

范老师先讲述橙汁的制作过程，让学生知道有色素（日落黄、安赛蜜、山梨酸钾、阿斯巴甜等）和各种化学添加剂以及它们的危害，然后用这些添加剂兑出一瓶颜色漂亮的饮料。当学生亲眼看到这么多的化学物质逐一兑到水中，顿时鸦雀无声，眼睛瞪得大大的。他们震惊了，原来饮料迷人的颜色和诱人的味道是这么"变"出来的！当天晚上就有家长对我说，晚上孩子喝水时，主动抛弃了过去喜欢的各种饮料，改成了矿泉水，还非常肯定地说："这是最健康的。"

第三个实验：制作牛奶。

范老师让学生亲眼目睹了如何用化学添加剂让牛奶带有各种美味或变得稠润可口的过程，他们看后表示：以后只喝纯牛奶，再也不一味追求口感了。

快下课了，我问学生："怎样才能让这节课的学习成果，对自己的健康有帮助呢？"学生议论纷纷。我又说道："你们是否愿意研究一下自己的饮食，也用科学的方法来找找饮食习惯中的问题？"

热烈的讨论之后，学生决定：查阅各种食品的营养成分，对比一周的饭菜，整理总结出饭菜中哪些营养多、哪些营养缺乏。这真是一项有意义的作业。

● 第二环节：医生课堂

我请班里一位学生的妈妈（儿童医院的医生）来班里讲述食品营养、瘦弱和肥胖的原因及对未来健康和生活的危害。例如：（1）营养失衡会造成胃肠道机能杂乱。（2）体重不达标会影响生长发育；碳水化合物、蛋白质和脂肪等营养摄入不足，体重偏轻，会减慢长高速度。（3）影响智力发育：不偏食的学生，智力发育指数要比偏食的学生高14分，偏食学生还容易出现注意力不集中的征兆。（4）抵抗力差易染病：由于饮食不平衡，偏食的学生不能全面地从食物中获取营养提高免疫力，会经常感冒发烧，更容易染病。此外，偏食也容易导致贫血、佝偻病等与营养缺乏相关的疾病。（5）出现极端性格：偏食会造成极端性格，容易出现攻击性行为，产生逆反心理，久而久之，使亲子关系变得紧张。

中医讲解营养知识

课后，学生在感想中写道：

今天的课让我知道了蔬菜原来这么有用，严重缺乏居然会导致抑郁症！以后一定要多吃。

今天听完课，我很震惊，原来吃饭偏食会产生攻击性行为和逆反心理，过去从来没有想到。

今天的课让我知道，自己注意力不集中，上课走神，可能与偏食有关。我要赶快改掉偏食的毛病，不然学习成绩会下降。

● 第三环节：认识更多的健康食物

结合品德与社会课中"神奇的中医药"的内容，我要求学生分小组研究某种食品对健康的作用，课上交流讨论。学生们汇报了蜂蜜、蔬菜、李子等对健康的影响。

以蜂蜜为例：

蜂蜜因其天然，被人们崇拜已久。《本草纲目》中记载："蜂蜜其入药之功有五：清热、补中、解毒、润燥、止痛。"现代医学证实，蜂蜜能解酒，抗疲劳，抗肿瘤，调整内分泌，滋润肌肤，延缓衰老，增强体质。不同的蜂蜜有不同的营养成分，其保健功效也不同，按照功效选蜂蜜对身体的保健作用更强。不同种类的蜂蜜，食疗功效不一：槐花蜜可保养心脑血管，椴树蜜可镇静安神，荆花蜜可清热祛燥，党参蜜可治贫血，五味子蜜可调理肺肾双虚。

学生听后都很震惊，原来看似不起眼的蜂蜜，居然有这么多的学问。接下来，全班学生还总结了一些健康小窍门：（1）如果想驱除疲劳，最好的办法莫过于健康均衡地搭配好下列四组主要食物的比例：土豆、面包、米饭、面食等淀粉类食品；水果和蔬菜；牛奶和奶制品；肉、鱼、蛋、豆类和其他非乳制品。（2）重视早餐。早餐能提供给人体一天的能量所需。如果你不想一起床就吃东西，可以吃些高纤维的零食帮助体内消化，而不是吃高糖或高脂肪的零食。（3）一天五种蔬果。水果和蔬菜是人体摄取矿物质、维生素、纤维以及人体所需营养物质的最佳来源，能帮助人体正常地运转。尽量保证每天的日常饮食中，加进五种不同种类的蔬果。（4）拒绝糖。现在的成人和小孩摄入了太多的糖。糖分不仅对牙齿有害，还会影响体形。在许多食物中，包括水果和蔬菜，会有天然糖分，不必回避它们。但减少进食其他食物中多余的糖分，是个不错的办法，如糖果、糕点、饼干、碳酸饮料、巧克力等所包含的糖分。（5）获取足够的铁。铁元素摄取不足，会使人感到疲惫无力，面色苍白。红色肉类、绿色蔬菜以及强化食品如早餐麦片，都是人体获取铁元素的良好来源。最重要的是，从众多食物中获取足够量的铁。

最后学生还编成了一首儿歌：

> 饮食营养很重要，粗细搭配有学问。
> 重视早餐高纤维，饮料糖果要控制。
> 各色蔬菜都要吃，聪明孩子不挑食。
> 垃圾食品要远离，生活快乐更安全。

三、反思与建议

（1）相信许多教师和家长都遇到过垃圾食品的难题，无论怎么苦口婆心地劝说，都收不到很好的效果。究其原因，在于我们的教育逻辑有问题：重讲道理，轻科学展示。这次活动之所以收到了立竿见影的效果，就是因为学生亲眼目睹了实验全过程，亲自参与了实验。所以，教师不妨在教育活动中，多多引进科学元素。

（2）核心素养提出要重视科学精神的培养。本次活动以实验的形式，让学生亲自分析垃圾食品的成分，使他们近距离地接触了科学实验，同时还初步了解了食品科学和中国传统中医药学，变得更加关注自己的身体健康。

7 "抓"鬼

一、设计缘起

一天上课时，几个学生总是趁我不注意，叽叽咕咕、交头接耳，兴奋地传递眼神，非常神秘，似乎发生了很重要的事情。无论我怎么调整教学方法，都无法把他们的注意力引回课堂。

下课后，我好奇地问他们原因，有学生神秘兮兮地说礼堂边的黑过道里有鬼，这样一传，大家既好奇又害怕，已经探索好几次了。有些学生觉得很刺激，就以讹传讹地说那里可能有鬼，如何可怕，导致其他学生心神不宁，无心上课。

"鬼"是盘踞在儿童心中一个最常见的东西，它的神秘与恐怖对儿童的影响往往是大人无法想象的。面对儿童的恐惧心理，不能简单批评，也不能简单地告诉他们实际上世上并没有鬼。如果不是儿童自己找出答案，他们依然会害怕。我们应该用儿童的眼睛去感受世界，用儿童的心灵去理解世界，这是一次培养儿童科学精神的机会。于是，我顺水推舟，决定和他们一起实地考察——"寻鬼"。

二、教学设计与实施

● 第一环节：实地考察

我叫上大家，一起来到礼堂旁边的黑过道，一探究竟。他们躲躲闪闪不敢进去。我想刚上三年级的学生毕竟还小，的确会害怕，就鼓励他们说："我们一起进去，好不好？"我拉着几个学生的手，径直走到了过道尽头。当然，什么也没有。其实，学生觉得可怕，是有原因的：过道里没有灯，里面堆积的桌椅用布盖着，尘土较厚，影影绰绰；气味有些污浊，环境有些杂乱，便显得怪异，给人一种不安的感觉。

在我的陪同下，每个学生都走了一遍过道，尽管睁大眼睛观察，却没有发现一个鬼。事后，大家都笑了。回来的路上，学生叽叽喳喳地说起谁谁小心的样子，谁谁曾经被吓得怎样，似乎他们自己从来都没有害怕过。那一脸的阳光灿烂，真是可爱！

为了培养学生的科学意识，回到班里，我请学生分析："其实，什么都没有，也没有人亲自在那里看到过鬼，为什么那么多学生认为有鬼？"学生在交流后，觉得可能是因为自己胆小，看到黑就怕；也可能是因为看的鬼故事多了，联想到了书里的情节；还有的学生说，听到别人说有鬼，就觉得好奇，猜想也许有鬼……

我下载了冯梦龙的文章《活见鬼》，让学生阅读，然后讨论："二人相视愕然，不觉大笑"中"笑"的是什么。

他们都是人，却觉得对方都是鬼，不弄清楚就自己吓自己，太愚蠢！

我觉得他们的笑是一种自嘲的笑，笑自己神经兮兮。

我觉得他们的笑是后悔的笑，笑自己这么丢人，让人家看笑话。

我觉得他们的笑是一种恍然大悟的笑，笑自己终于明白世界上没有鬼，以后不用再怕了。

● 第二环节：光明磊落，心中无鬼

我要借此机会引导学生做一个光明磊落的人，于是给他们讲了一个故事：一个儿媳妇对自己的婆婆不孝顺，甚至虐待。婆婆去世后，她总是怕鬼会来惩罚她，不敢走夜路，后来越来越严重，白天也不敢独自待在屋里，越来越瘦……

我问学生:"她心中的'鬼'是从哪来的?"

她做了坏事,心中有愧,鬼就是她内心的不安。

她虐待婆婆,肯定会受到许多人的指责,指责多了,大家都不喜欢她了,她就会受到良心的谴责,这鬼就是良心的谴责。

任何人做坏事多了,都会得到报应,我觉得应该孝敬长辈。

经过讨论交流,学生懂得了:无知的人,心里不够光明磊落的人,才会怕鬼;善良的、做事坦坦荡荡的人,心里无愧于别人,充满阳光,就不会怕鬼。

● 第三环节:破除迷信

我让学生阅读课文《西门豹治邺》并思考:"假如自己是西门豹故事中的任何一个角色,心里会怎样想?"学生在猜想交流中,被西门豹的智慧和一心为民的精神深深地折服了:

原来有鬼都是人为了自己能获得财富编出来骗人的。他们利用人民的无知来钻空子,我们可不能迷信,被人利用。

被人骗是因为自己不懂科学知识,太愚昧,应该多学习,用事实去分析。

西门豹能够破除迷信,是因为他一心为大家,没有私心,所以许多被迷信蒙骗的人,其实是因为自己的私心太重。

中国人有从众心理,不愿独立思考,不愿出头,缺乏担当精神,就像我们班同学中有一个人说楼道里有鬼,其他人就跟着说有,这是不对的,这就是迷信。

最后,师生共同得出如下结论:

从编出鬼的骗子一方,明白他们是为了获得私利。

从敢于制鬼的一方,明白要有一颗为民无私的心。

从群众一方,明白不能做骗子的帮凶,要有独立思考的能力。

三、反思与建议

（1）在平时的教学中，教师要有意识地培养学生的科学精神。这次活动中，师生及时抓住"鬼"这一问题进行深入探索，交流讨论，既满足了学生的好奇心，使他们开心不已，又让他们感受到了科学的价值，懂得了独立思考、亲自探索的重要性。

（2）善于调动各种因素来解决问题的同时，适时扩大战果。在此次活动中，我使用了语文课文和一些历史故事，既加深了学生的语文学习，又让他们懂得了做一个光明磊落的人的重要性。教育即生活，且不可为教育而教育。生活中的一切，都可以拿来作为教育资源，教师要有效加以利用。

8　一起思考什么是朋友

一、设计缘起

到了高年级，学生喜欢交朋友，但往往没有底线，不知道交朋友的规则，常常出现一些纠纷：有时向好朋友借钱不还，老师一问还振振有词地说"他是我朋友"；有时要求好朋友只和自己玩，不许和自己不喜欢的人玩；有时瘦弱胆怯的学生觉得自己弱小，就违心地和身强体健的学生做朋友，不顾自己的尊严为他们做事……许多学生因此影响了学习。

到了高年级，学生希望离开父母翅膀的庇护，拥有自己的世界。朋友是他们认知世界的主要平台，必须帮助他们建立正确的交友观念。

二、教学设计与实施

● 第一环节：折绘本

玩小游戏：我让学生把一张 A3 大纸按正反面的绘本内容，将绘本拼折成书。这张 A3 大纸上是我自己画的绘本故事，只是为了激发学生的兴趣，考查学生的观察能力和阅读水平，练习他们的动手操作能力。我把一大张纸按照印刷好、未切裁的样子分给学生，让他们在反复观察的基础上，进行比赛。通过折剪，一张张大纸绘本就成功地在学生的小手中变成了绘本。

学生要独立完成这一过程，以训练他们的观察、分析和推理能力。学生要在阅读的基础上，分析出故事的先后顺序。这其中教师设置了两处空缺，一是为了增加推理的难度，二是为了作为下一环节的补充。学生对这一挑战具有极大的兴趣。面对一张大大的 A3 纸，他们翻来覆去地阅读、思考，从学生的眼神中可以看到思维的律动。这一挑战极大地调动了学生的热情。

● 第二环节：猜绘本

学生的绘本基本折好了，接下来，我请学生讲述绘本故事，训练他们的语言表达能力。然后，请其他学生根据自己的理解补充遗漏情节。

绘本故事如下：

小灰兔出生在一个贫穷的小山村，他发现自己的灰色没有小白兔们的白色好看，很沮丧，认为自己不能和小白兔们成为朋友。他总是躲开小白兔们，一个人画画。他的画画得很好。慢慢地，他觉得越来越孤单，就决定走出村子寻找朋友。

他遇上了一只灰色的乌龟，觉得很有缘分，就主动向乌龟问好，他们成了好朋友。小乌龟知道小灰兔爱吃胡萝卜，就高兴地请他到自己的家里，因为小乌龟家的周围有一大片胡萝卜地，那里的胡萝卜从来没有人吃。小灰兔和小乌龟在一起生活得可开心了。小乌龟喜欢唱歌，小灰兔经常为他美妙的歌喉鼓掌；小灰兔喜欢画画，小乌龟常常久久地欣赏他的画作，赞不绝口。他们一直玩到深秋，小乌龟总是困，睡不醒。

……

小灰兔背着一袋胡萝卜离开了小乌龟的家。他正郁闷地向前走，一只狐狸发现了他，狐狸转转眼珠，有了主意，热情地跑上去说："小灰兔你真是爱劳动啊，太累了吧，让我来帮助你吧？"小灰兔很感激，说："可是我不知道去哪里？我没有朋友。"狐狸马上堆出笑脸，拉着小灰兔说："我家朋友可多了，我们正要开 party，请你参加好不好？"小灰兔高兴地跟着狐狸去了他家。

……

两只狐狸在拼命地追小灰兔，小灰兔跑啊跑啊，也没逃出狐狸们的魔掌，筋疲力尽地快绝望了。一群小白兔正在焦急地到处找小灰兔，听到小灰兔的喊声，不顾一切地冲了过来。狐狸一看这么多对手，就只好逃跑了，小灰兔得救了。他明白了什么是朋友，他想报答大家，决定为大家做些事。

学生在上述绘本故事两处省略的地方，通过合理的想象，添上了合适的内容。他们在交流分享自己添加的内容环节中说道：

小灰兔看到小乌龟总是想睡觉，知道它要冬眠了，自己不能再打搅他，应该尊重好朋友的习惯，于是他决定离开，去找新的朋友。小乌龟为他送行时，送给他许多胡萝卜。

小灰兔太渴望朋友了，但是当他到了狐狸家却发现，几只狐狸笑容中充满了虚伪，还有的狐狸在悄悄地磨刀。他发现不对劲，感觉有危险，就趁他们不注意，逃出了狐狸家。

在补充故事的过程中，学生理解了交朋友的原则：相互尊重、认清本质。

● 第三环节：品绘本

我引导学生认识"朋友"这两个字。对"朋友"的理解，有两种说法：一种说法是，从这两个字的甲骨文含义说起，"朋"是两串钱，"友"表示两只手握在一起；另一种说法是，"朋"是肉体、身体，也就是身体相碰，一起长大的人，相当于发小，而"友"是手拉手共同进步、有共同志向的人。我请学生思考，从中获得了什么，为后面引导他们转变观念，树立现代朋友观、金钱观打下基础。学生的思考很丰富：

朋，是只在金钱上有往来的人。

友，是真正相互帮助、相互支持的人。

我觉得应该追求成为"友"，而不要"朋"，因为建立在金钱基础上的不是真正的"友"！

问题出现了!

我请学生回家探访亲朋好友、父母长辈,问两个问题:(1)他们有没有哪一位好朋友,是有经济往来的? (2)在经济往来中,比如生意中的合作伙伴,比如帮助自己在商业活动中获得机会的人,父母是否喜欢这样的朋友?

采访后,学生的发言如下:

爸爸说,他刚到北京时很穷,只能租房子,是同学和他一起做互联网生意赚了钱,才能够在北京买上房子,他很感激这位朋友。

妈妈说自己做裁缝店的店铺和资金都是从朋友那借的,自己赚钱后加倍还给了朋友,现在她们已经成为最好的朋友。

爷爷说公司运转紧张时,是朋友投资支持才起死回生的。现在爷爷退休,把公司委托给了这位朋友,因为他是最可信赖的人。

过去中国总是提倡:君子视金钱如粪土。所以朋友之间不应该有金钱的往来。

……

品味"朋友"

听到这些发言，我让学生做深入思考，过去中国总是提倡"君子视金钱如粪土""朋友之间应该纯净，不要谈钱"，这是为什么？并提示学生，一种观念的形成和历史文化是分不开的，要自己去探索缘由，才会培养出独立思考的能力。

晚上，学生以自己喜欢的各种方式探索问题的根源，有的和家长讨论，有的打电话问亲戚中有学问的长者，有的查阅网上资料……第二天，学生谈出了自己的认知：

对金钱的蔑视来自长期提倡的儒家学说，即仁义礼智信，所以金钱上的往来，一直被文人所不齿。

古代文人唱颂刎颈之交、管鲍之交、莫逆之交、君子之交等，轻视金钱交往，重视精神支持，体现了文人士大夫对做人的追求。

我觉得视金钱如粪土，其实恰恰说明真正的好朋友如果有困难，另一方会毫不犹豫地给予金钱上的帮助。

我说，这些观点大都源于农耕时期，那种小农经济时代，人们大多自给自足，金钱在人与人的交往中不占主角。而当今社会是商品经济向信息化社会转型的时代，人与人之间的协作关系非常紧密。朋友之间共同合作，互利互惠已经成为共识，更是朋友之间得以相互理解、加深友谊的途径。

当学生转变了对金钱的认识后，我进一步拓展，请他们思考：作为国家，在世界上怎样交朋友？我先发给了学生一些"国家的朋友"的资料。例如，中国和巴基斯坦的友谊，进行援助、修路等。再如，日本20世纪80年代在邓小平的邀请下，帮助中国发展电器、电子工业。又如，抗日战争、侵华行为等。把这些具有强烈冲突的事实放到学生面前，引导学生根据历史事实产生疑问，根据资料分析判断，在交流中探索真理，目的是引导他们走出"小我"，拓展视野，站到更高的位置理解朋友的含义。并引导学生初步形成对"国家的朋友"这一概念的理解，那就是：以自强为基础、友善协作、相互支持、互利互惠的关系。

● 第四环节：创绘本

教育要引导学生在实践中形成财商。我让学生思考，小灰兔想为大家做点事，你们帮助他设计一个公司，改善兔子村的面貌。学生兴致盎然地讨论开了：有的建议他开一个绘画班，招收兔子家族爱画画的孩子，为他们服务；有的建议小灰兔和小乌龟合资开一个胡萝卜加工厂，把无用的胡萝卜变成各种美食，这样会有经济效益；有的建议小灰兔用自己的经历在网上开一个朋友园地，专门教不会交朋友的人认清朋友，以免上当……

学生设计的"小灰兔的新公司"真是千奇百怪，让我看到了学生交友观念的转变，这次活动非常有意义。最后，我让学生把自己的设想画出来，添在绘本的最后。完成绘本后，学生还举办了一次展览，评出了最佳创意奖。

三、反思与建议

（1）如何交朋友，是小学阶段学生面临的一个大课题。如果教师不教给他们交朋友的基本原则，他们在以后的人际交往中可能会有障碍。所以，我认为这个活动是很及时的。

（2）借助厘清朋友含义的过程，我加入了批判性思维的因素，教会学生不要盲从，而是要通过自己的独立思考确立交朋友的正确原则，相信这会在他们的内心种下独立思考的种子。

（3）这次绘本活动，让学生在比较中形成思考，鼓励他们提出经过思考的、有智慧的问题。好的教师不会停留在一个问题层面上，会由一个问题引出更多的问题。一开始，教师可以先提出很多问题作为"示范"，让学生理解什么样的问题可以引导更高层次的思维和理解。当学生所给的答案与预想的不同时，不要立刻跳起来说错，教师要把它当作追寻和发现学生思路的机会，并提出更多的问题引导他们从不同的角度、方向进行思考。当学生习惯了提问，并且慢慢地掌握了提问的技巧的时候，课堂就活了，教学也就有了真正的意义。

9 阅读四法

一、设计缘起

在与学生相处的日子里，我总是不遗余力地培养他们的阅读兴趣。可到了高年级，我常常发现一个问题：学生的阅读能力与解决生活中实际问题的能力是脱节的。他们不会运用读过的故事去说服别人，不懂得从名人传记中总结主人公成功的原因，以此来帮助自己面对学习和生活中的困惑，更不懂得把生活中发现的感兴趣的问题与自己阅读过的书籍相联系，寻找它们的内在关联，解决心中的疑惑。这也许就是所谓的"读死书"。看到学生虽爱读书但还没有感悟出书籍给予自己的真正力量时，我就思索着该怎样引导学生活学活用，因为我不想让他们变成"书呆子"。

二、教学设计与实施

● 第一环节：出示问题，各自解决

我把学生平日里提出的一些问题呈现在他们面前，让每个人任意选择研究题目，并用自己读过的书来帮助同学解决这些困惑。这几个问题是：

（1）胡萝卜、番薯、洋葱这些名称中，第一个字都表示它们是从国外引进来的，为什么不是同一个字？

（2）在课堂上进行小组合作学习时，嘲笑同学胖，不愿意合作。

（3）姥姥看我在家里闲得瞎折腾，说我："看你烦得五脊六兽的！"这是什么意思？

（4）富兰克林的头像为什么会印在100美元上？

……

这些问题涉及历史、艺术、商业等多个领域。学生在选择了自己喜欢研究的问题之后，就开始了广泛阅读。两周过后，他们进行了精彩的汇报：

我对同学之间总出现相互讽刺的情况比较重视，因为我是中队干部，认为班级同学之间应该和睦相处，于是决定探索"嘲笑同学胖，不愿意合作"这个问题。我努力回忆平时看过的书，发现有三本书提到学生的缺陷曾经在同学相处中成为问题：《苏珊的帽子》《草房子》《窗边的小豆豆》。这些是发生在三个国家的故事，不同的态度导致了不同的结果。于是，我设计的方案是：对比阅读法。即让全班同学都看完这三个故事，然后分析哪种对待有缺陷同学的态度是正确的，是对社会和谐有帮助的。再请学生在三个故事中寻找自己的身影，谈谈自己的做法有什么不对。最后请大家说一说自己应该怎样做？

我对建筑感兴趣，所以当听到"五脊六兽"这个词时，就知道这和中国古建筑有关系，于是开始研究这个话题。我的方案是以"五脊六兽"为圆心，将和它有关的视频和书都找来看，比如《故宫100集》《龙生九子》《中国传统民居》等，把与房脊相关的章节都看完，并做记录，看一看"五脊六兽"在各种书中的解释，然后理解姥姥说的话，实际上就是说我太活泼，太好动，太能折腾，就像那些房脊上的小兽一样张牙舞爪的。在这个过程中，我不仅知道了这句话的含义，还获得了许多过去不知道的知识。

我对胡萝卜、番薯、洋葱这些名称很感兴趣。很奇怪啊，胡、番、洋都说明了是从国外引进的，为什么名字却不同，为什么不都叫"胡萝卜、胡薯、胡葱"或者"番萝卜、番薯、番葱"？为了发现其中的奥秘，我不仅查阅字典，还把《丝绸之路》《郑和下西洋》《民国时期的洋玩意》《植物的奥秘》等相关的书都查看了。有历史方面的，有植物方面的，真不容易，最后才弄明白，不同时期引进的蔬菜，名字都不同。汉代引进的叫胡，明代引进的叫番，民国时期引进的叫洋。

我在品德课上随意提出：钞票上大多印有国家领袖的头像，100美元上为什么会印富兰克林的头像？没想到老师如此重视，让全班同学一起探索，所以我选择这个问题进行研究，打算自己找出答案。我先看了富兰克林的传记，了解了他生活的年代及那个年代发生的重要事件，还有他对美国所做的贡献。之后又上网查阅了许多美国富兰克林时期的著名人物，以及他们的故事。在此过程中，我自由地查找信息，了解了许多当时美国和欧洲的事情。我发现阅读要有开放的心态，要探索一个小问题原本的答案，必须多看各领域的书籍，了解他身边的重要人物和当时发生的重要事件，融会贯通，才能找到正确答案，真正理解富兰克林的头像之所以会被印在100美元上，是因为他为美国做出的巨大贡献。

● 第二环节：总结阅读与解惑的关系

我让学生认真倾听其他同学的发言，抓重点做笔记。为了培养学生科学的学习态度，我还让各组交流总结自己通过阅读解决问题的方法。学生总结出的方法如下：

第一组总结：

关于"在课堂上进行小组合作学习时，嘲笑同学胖，不愿意合作"的问题，我们采用的阅读方式是"对比式阅读"。

在与书中的角色对比中，我们发现了自己不够优秀、不够善良的地方。这种方法很适合解决学生之间发生矛盾时无所适从的困惑，不用老师直接解决问题或批评我们，而是自己看书，利用阅读中相似的故事、相似的情景，自己感悟，在横向对比、角色对比的过程中，了解他人的内心痛苦，学会体谅他人，学会善良待人。同时，在不同的故事中，对比他人的做法以及各种结果，我们可以清楚地看到不同的班级环境会出现不同的结果。

我说："对呀，这样的对比阅读方式很好，在阅读中把自己放到某一角色中，在对比中反省，从而进行自我教育，有利于快速解决问题，让同学心悦诚服地接受，自愿地改变，更能在阅读中培养自身的修养。"

第二组总结：

我们组研究的问题是："姥姥看我在家里闲得瞎折腾，说我：'看你烦得五脊六兽的！'这是什么意思？"对这个问题，学生提出的阅读方案，我们觉得很好，可以概括为"爆炸式阅读"。

这种阅读方法可以训练我们抓住关注的某一个核心点，迅速和自己已知的信息建立连接，以阅读过的书为载体，发散思维。然后再根据自己的需要去阅读、收集、整理更多的相关信息，进行探索学习，最终得出对这一核心点的全面认知，得到正确答案。

我说："这种信息连接的思维习惯是非常重要的。'爆炸式阅读'这个名字很好，它注重阅读中的信息关联意识，迅速抓住与疑惑相关的信息，展开阅读解惑。这对于学生将来解决问题很有帮助。"

第三组总结：

我们组研究的是"胡萝卜、番薯、洋葱这些名称中，第一个字都表示它们是从国外引进来的，为什么不是同一个字？"这个问题，我们觉得前面同学介绍得很棒，我们认为这种阅读方式应该叫"立体式阅读"。

"立体式阅读"是一种比较难的形式，班级中那些热爱阅读、阅读范围很广的学生，才能够采用。它在阅读中力图站在多角度思考问题，没有大量而广泛的阅读，是不行的。我们小组认为，这种阅读方式非常好，有助于我们养成全方位思考的习惯。

"立体式阅读"可拓展学生的视野。从这三个不同的字中，我们就可以品味出中国在世界中地位下降、国力衰微的现实。因为"胡"表示中原大国对其他民族的蔑视，说明自己很强大；"番"说明已经知道自己国家周围有番邦，自己不是世界的中心；"洋"说明自己已经感受到落后，带着对发达国家的崇拜心理而起名，如洋枪、洋炮、洋火、洋服、洋葱等。

我说："'立体式阅读'这个名字起得真形象。它是许多喜欢深入思考问题的大人们喜欢的方式。常用这种方式，无论面对怎样的社会问题，都会形成冷静审视、理智思维的习惯和乐于了解他人、善于理解他人、友好相处的意识，对于构建和谐社会有深远的影响。"

第四组总结：

我们组交流后发现：钞票上大多印有国家领袖的头像，但100美元上为什么会印富兰克林的头像？对这一问题，我们组运用的阅读方式很自由，称为"开放式阅读"。平日里，教师随时发现我们的小疑问，抓住这些稍纵即逝的问题，引导我们进行阅读，寻找答案。我们用自己喜好的方式，广泛地阅读、调查、分析、总结出了答案。我们了解到富兰克林是美国商界的领军人物，他对美元的发行有中流砥柱的作用，并从中感悟到人民爱戴对社会做出积极贡献的人。这种自由的阅读可激发我们的兴趣，在阅读中再产生新的问题，进而通过阅读解决。

我说："对呀，富兰克林对美国的经济、外交、政治都有巨大的贡献和影响力，他是美国发展中的一个标志性人物。我很欣赏你们归纳出的'开放式阅读'，这会帮助你们养成善于思维、乐于思维的习惯。更重要的是，这种阅读探索中形成的新问题，又会激发新的探索。其实，你们在阅读学习中就变成了问题的引领者，可获得成就感，这是一种非常科学的阅读方式。"

● 第三环节：科学分析，图形呈现

讨论过后，我向学生提出了一个新问题："你们的发言非常精彩，大家相互交流，思维碰撞，摸索到了适合自己的阅读方法，但能不能把这些阅读方法以更科学、更简便的方式呈现，让人一目了然，容易记忆和理解？"

学生开动脑筋想了许多方法，有的编成童话故事，有的编成儿歌，但我更喜欢其中一个学生的图形呈现方式，并把他的方式介绍给所有学生。

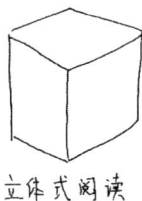

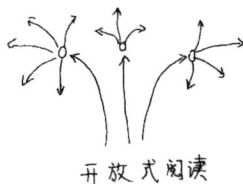

对比式阅读　爆炸式阅读　立体式阅读　开放式阅读

图形呈现思维方式

　　这个学生把大段的文字解说变成简单的图形，给同学以很大的启发，学生学会了一种科学、简便的方法，让复杂变简单。

三、反思与建议

　　（1）读书活动是促进学生自然、自主、快乐成长的最自由的途径之一。教师要给学生营造阅读学习的自由空间，在阅读交流时鼓励大家说出自己独特的见解，不人云亦云，不追求统一答案，让他们在与他人分享阅读的经验中，享受到平等的快乐。培养学生乐于思考、善于表达的习惯，充分体现自然成长的过程，让学生享受到自由阅读、自主学习的快乐。创新意识必须在宽松自由的环境中才容易诞生，这体现了自主成长的优势。

　　（2）科学精神讲究的是理性思维。学生在将阅读解疑过程简单化的过程中，探索科学本质，抓住规律性的东西。这样的思维过程很有针对性，具有理性，它不是教师从外向内的施压式教育，而是学生在阅读中从外向内的自悟、自省的过程，可以帮助学生形成科学意识。

（3）此次教学活动的科学性，还体现在整个活动过程中对学生强大信息筛选能力的训练。在学习、生活中发现学生的困惑，鼓励他们一起寻求解决办法，对比教师不能包办代替，不能给出答案，要重视引导学生在阅读中汲取营养，主动对信息进行科学的分类归纳，并建立关联。学生在阅读中会保持对求知的热情，形成理性的思维习惯。广泛地阅读，可以帮助学生认识到人与人、人与社会、人与国家、国家与国家的关系，形成科学的世界观。

10 郊区厕所调查研究

一、设计缘起

　　一次，班里同学在商量"外教日"活动去哪儿好，一个学生说去郊区水边吧，那里能抓鱼抓虾，还可以打水仗，而且水不深，没有危险。大家一听都十分赞同，说要到门头沟水边烧烤、放希望船、打水仗等。正兴致盎然时，一个学生犹犹豫豫地提出："那里的厕所很脏，外教是英国人，会不会不太好？"问题一提出，大家顿时默然——我们很喜欢到大自然中去放松心情，但是郊区的公共厕所实在是难以忍受：苍蝇蚊子成群飞，大小便满地都是……听到这些，大家都沉默了。后来，学生商量来商量去，都觉得要是让外教看到我们中国的厕所这么脏，太丢人了。

　　这是个很实际的问题。中国城乡差别大，文化差异也大。我们喜欢让客人看到好的一面，不愿让他们面对脏乱不堪的厕所，出现尴尬。但是从教育的角度出发，作为中国人，作为教师，不管多不好意思，都有义不容辞的责任去面对这些问题，利用好这一教育契机。

　　为了从小培养学生的社会责任感，我决定带领他们走进郊区的厕所，寻找解决方案，教会他们用科学的态度面对问题。

二、教学设计与实施

● 第一环节：实地调查

我在班里留了作业：周末去郊区踩点，对选中旅游区的厕所做一次详尽的调查，比如哪些景区的厕所比较干净，不干净的原因是什么等。并把情况汇总，选择出最佳景区，既可以让外教如厕顺心，又可以保证活动快乐地进行。

表1　郊区旅游地区厕所卫生情况调查

姓名：　　　　　时间：

	地点	厕所类型	照片	采访记录	原因归纳
调查地点1					
调查地点2					
调查地点3					
总结					

● 第二环节：研究解决方案

对比学生分析整理的资料，我们提出了一个比较科学的方案：可以去青龙峡开展"外教日"活动。那里的厕所比较好，游玩项目多，公园植被多……优美的环境可以让外教很放松地帮助大家练习英语对话，让全班用英语顺畅交流。

解决了活动地点的问题，这个事情还没有结束。接着，我要求学生把调查结果写成科学小论文：（1）查阅其他国家或者国内优秀景区的厕所卫生状态。（2）对比各个国家或地区人们对厕所卫生状态的重视程度，写出自己的体会。（3）提出建议或意见，为厕所文明出谋划策。

学生自愿结成小组，把调查结果汇集起来，思考怎样才能写好调查报告。而且，许多学生还收集了国外先进的厕所管理方法，供大家参考；并找到了贵州、云南、四川等地模范村"环保厕所"的资料进行分析。

班里的学生大多是独生子女，从小被家长宠着长大，还是第一次研究厕所卫生问题。开始我还担心他们不会感兴趣，可是在活动过程中，我发现他们解决问题时很有热情，想了很多好办法：

　　我调查的是怀柔的厕所，盖得挺像样子，看似花了不少钱，但卫生很差。我觉得游人上厕所应该注意保洁，景区应该在这方面多做宣传。

　　我觉得厕所的卫生设施不应该仅仅是摆设，有的厕所很人性化，还为残疾人和老年人专门安了设备，却锁着不让用。这是资源浪费，应该建议管理者打开，让设备真正起到作用。

　　我觉得应该请一些媒体多做宣传，把公共卫生作为公益活动，让全社会的人都来关注自身行为，多为他人着想，多为社会做贡献，提高人们的素质。

　　……

　　这些想法也许比较幼稚，不够完善，但提出这些方法的过程却是难能可贵的。我们要注重过程，让学生亲自调查，主动思考，寻求答案，这才能真正提高学生的学习能力。

● 第三环节：社会实践

　　学生汇报了自己的想法后，我表扬了他们的科学态度，并建议他们把这些厕所改进方案通过网络发给所选旅游区的乡镇旅游管理处，锻炼学生的交流能力。刚开始，学生有点儿为难，担心自己是学生，公园管理处不会搭理。于是，我鼓励他们："别人怎么看我们不重要，重要的是我们是否做了……我们是否把自己的建议主动回馈社会了，这是我们的素质。"

　　学生一旦打消了顾虑后，他们就开始行动起来。在互联网发达的今天，这件事做起来并不难。有的学生直接通过电邮把意见发过去了；有的学生找不到发送的邮箱，就查找电话，直接打电话礼貌地告知……有的学生得到管理处的赞扬，还有的学生把自己的报告上交到建模论文大赛中，获得了二等奖的好成绩……

三、反思与建议

（1）公民素质中最重要的一项就是培养责任意识。这次活动中，学生以科学报告的形式深入生活，以独特的视野，敏锐的目光，聚焦热点，探讨社会话题，深刻剖析不文明现象，履行了作为公民的责任和义务，是一次难忘的经历。此活动是从一个很棘手的现实问题派生出来的，学生第一次遇到这样的难题，我没有搪塞躲避，更没有包办代替，而是把所有问题抛回给学生，让他们用自己的智慧去解决。学生解决得很好，超出了我的想象。所以我们不要小看学生，要大胆地把问题扔给他们，把自由的空间还给他们，他们是可以创造奇迹的。

（2）当学生已经对社会问题提出质疑时，教师要具有科学意识，不躲避，不遮掩。面对丑陋的问题，要教给学生科学的方法，认真引领学生大胆地探索思考，在解决真实问题的过程中培养其处理问题的能力。这样在学生将来进入社会工作时，就不会太恐惧，不会觉得社会太丑陋，更不会出现害怕找工作的现象。相反，他们会积极地走向社会，承担社会责任，迎难而上。

附：学生的一份调查报告

关于郊区厕所卫生的问题

一、问题的提出

一天，我妈妈和几个学生家委会的家长谈论去郊区开展亲子活动的相关事情，我听到他们说："咱们上次去紫竹院公园的'外教日'活动，带上外籍英语教师就非常好。学生觉得一整天说英语，收获很大，家长们也觉得好，这次是否也能带上几位外籍教师呢？"另一位家长说："带上外教老师倒是很好，就是郊区的厕所实在是太脏，让人家外教老师看到不好意思……"大家犹豫不决。

二、研究目的

（1）希望引起管理部门的重视。

（2）提高人们的如厕文明意识。

（3）寻求解决郊区厕所卫生的方法。

三、研究思路

（1）亲自到郊区了解厕所卫生状况。

（2）调查郊区厕所卫生状况的成因。

（3）寻求解决问题的方法。

四、研究过程

（一）亲自调查

我的心中一直存有疑惑：难道郊区旅游景点的厕所卫生真的能让大家这么担忧？于是，我们一家三口决定提前先去探探路。那天天气晴朗，我和爸爸妈妈驱车向门头沟风景区出发了。

进了门头沟风景区，刚开半小时就在路边看到了一处外观很整洁的厕所。我叫爸爸停车进去看看，心想：这么好的厕所，怎么会引起大人们的担忧呢？我去过的美国的厕所也不过就是这样的外观。可是一走近，扑鼻的臭味一下改变了我的想法。我小心翼翼地走进去，发现到处是污物，厕所水不能用，不得不屏住呼吸。

出来后，我回头看着这个厕所，真是疑惑不解："厕所有这么整洁的外观，里面怎么会没人收拾呢？"看来再好的设施，也需要人们认真管理。

车子开到安家庄村，我想上厕所，于是停在路边的一个瓷砖贴面的厕所外。我见厕所的外观整洁漂亮，心想：这里会很干净吗？走到门口，我发现贴着公共卫生间的说明，上面记录着厕所的编号、保洁单位、监督单位、监督电话。我觉得管理单位很负责任。走进去发现卫生良好，还有残障间。这让我觉得设计人员很是细心，很有人文关怀。出来后，我对郊区的公厕有了信心。驱车继续向西走。

车子继续向前开，我们来到了仙台村。村里的厕所在很显眼的路边，我径直向厕所走去。喔，这里的厕所真让人"叹为观止"：入口的旁边竟然是垃圾堆，苍蝇、蚊虫到处乱飞。我还没进厕所，就被"热情"的苍蝇撞得无处躲藏。

我带着疑惑去问当地一家开餐馆的阿姨。我说："这里的厕所为什么这么脏？"阿姨说："我们也觉得脏，就自己修了一间专供餐馆用的厕所，每天派人打扫，客人都很满意。可是才用了一个月，村里说这样乱建厕所太影响环境，强令拆除，于是就在那里建了一间大一些的公共厕所。可是卫生实在是无法保障。"

我怎么也想不明白，郊区旅游这么兴旺，厕所卫生就真的难以管理吗？我决定再多看一些，于是继续驱车向西走，一路看到了12家厕所。其中红砖搭建的简易厕所有两处，外面是漂亮的瓷砖盖建的正规厕所有8处，方便可移动的厕所有两处，但是里面的卫生均不让人满意。

数据统计表

	外墙状况	内部卫生	是否有水冲刷	坑位个数	坏坑位个数
正式厕所	瓷砖外墙	脏：地面污垢	50% 无水冲刷	4～5	30% 不能用
临时搭建简易厕所	红砖外墙	很脏：地面污垢，蚊虫乱飞	无水冲洗	2～3	0
可移动的厕所	钢板外面	很脏：到处是污物，无法使用	无水冲洗	2	2

调查呈现的严重问题是：临时简易厕所的卫生实在让人无法接受；可移动的厕所大多不能使用。

面对这样的调查结果，我很惊讶，难怪人们有那样的担心：如果让外国人来这里游玩，真的会让我们感到惭愧。我深爱自己的国家，不相信所有的郊区都是这样的情况。后来，在和家人出去旅游时，我会有意识地观察各旅游地区的厕所情况。在有名的虹鳟鱼一条沟和著名的十三陵，我共看了17家厕所，其中十三陵的7处厕所情况稍好：有4家是公共厕所，有专人打扫，有水冲洗；另3家是私人开设的饭馆旁自建的厕所，无专人打扫，但还算干净。在虹鳟鱼一条沟，我看到的情况就和门头沟的相差无几，大约80%的公厕外面光洁漂亮，但是里面卫生优良的只占到40%。

（二）调查问卷

为了了解厕所卫生状况不佳的成因和游客对旅游地区厕所卫生的看法，我设计了调查问卷，并在各个旅游景点分发，请各个年龄、各种行业的人填写。共分发了100份问卷，收回79份。

对旅游地区厕所问题的调查表

问题一：对厕所卫生的满意度	很满意	一般	不满意	问题二：厕所不洁的原因	旅客不注意卫生	设施出故障	清洁工作不及时	厕所数量少

统计结果如下：问题一，对厕所卫生的满意度调查结果显示：很满意的有11人，一般的有17人，不满意的有51人；问题二，厕所不洁的形成原因，调查结果显示：认为游客不注意卫生的有23人，认为设施出故障造成不洁的有9人，认为清洁工作不够及时的有34人，认为厕所数量少的有13人。

（三）问题的思考

（1）厕所文化影响国家形象。

每当我皱着眉头从一间厕所出来时，都在想：旅游本是件愉悦的事情，再好吃的食物，再美的风景，再快乐的心情，都会因为这样的厕所卫生而受到影响。我们国家越来越受到世界的瞩目，外国游客越来越多，这些外国友人为了了解中国，不会只满足于在故宫、长城、颐和园等地走走就算了。随着旅游业的发展，外国游客会更多地走进寻常百姓家，走进我们的生活，走进郊区。而这令人担忧的环境，会让外国人怎样评价我们？我们是有着上千年文明历史的古国，怎样的厕所文化，才能树立好的国家形象？

（2）对于郊区厕所卫生不够重视。

我心中一直在问：难道真的没有人关注郊区旅游地区的厕所卫生问题

吗？在上网查阅资料看到"北京郊区旅游业发展存在的几个问题"的内容时，我瞪大眼睛寻找关于公厕问题的解决方案。我看到文中提出的主要问题是："最近几年北京周边和郊区的旅游业发展十分迅速，但是如果没有进行充分的市场调查，没有足够的准备，盲目地开展旅游业其实是不可取的，比如村民低价将游客带入景区，比如旅游商品的假冒伪劣问题，比如次货充好高价忽悠游客。许多农家院在经营的过程中存在着不规范的问题，服务质量差、投诉无门的问题，这些都制约乡村旅游业的进一步发展。"边看边想：看来旅游中的问题的确很多，需要慢慢解决。最后，我看到文中提到："旅游业的发展带动了村民收入、乡村卫生的改观。"

看来文中强调更多的是旅游对卫生改善的作用，然而反过来想一想，郊区厕所卫生的改善难道不也对旅游发展有促进作用吗？这是一个观念上的问题。看来旅游管理部门对于郊区厕所卫生还不够重视。

（3）厕所建造不应追求高级，应追求文明。

暑假我参加了"中华小大使赴美迪士尼演出合唱团"，有意识地观察了美国的厕所。在美国各地游览了12天，只见到一家厕所的一个坑位有故障，其他卫生良好，如厕比较舒适。各旅游地点的公厕给了我极其深刻的印象，专人打扫，空气清新，干净整洁，四壁光亮，绝无污物，让旅游者的心情愉悦，从内心升起一种对这个国家和人民的尊重之情。这样对比下来，我就更加渴望我们中国的厕所赶快改进，把我们的文明呈现给世界友人。但并不是建造什么上百万的五星级厕所，而是真正地把如厕文化扎根在人们的心里，把厕所文明扎根在管理者的心里。

（4）厕所建设可与乡村整体建设相结合。

郊区厕所条件差，有很多影响因素，其中有农村卫生习惯问题，可能更重要的是经济问题，谁来出人打扫整理，谁来出这笔钱。优良的环境卫生会给游客带来舒适的体验，形成良好的口碑，也会换来良好的经济回报。如果是这样的话，维护厕所卫生的费用，根本就不是问题。

这不也正是积极推进农村现代化建设，展示新农村、推动新旅游、倡导新体验、树立新风尚，使旅游加快广大农村地区脱贫致富、拓宽农民创收渠道、增加农民就业机会、改善村容村貌、提升农村文明程度的有效途径吗？

五、设想解决方案

我想了许多改进方法。（1）管理部门应该重视，提出卫生标准，让郊区农村厕所建设和维护标准统一化，并且有关部门及时进行检查，更加重视厕所文化。（2）在郊区对公共卫生进行宣传，提高公共卫生意识，让村领导首先把厕所文明当成农村发展的一项重要工作内容，并商议出整体改善的有效措施。（3）专门培训清洁员，把厕所文明纳入文教卫生的工作内容中，长期重视。（4）在各村举办一些活动，"评选最美村""评选最美清洁工"或者请一些知名人士组织一些公益活动或知识竞猜等，来提升郊区人民的卫生意识。在活动中，引导人们认识到厕所文明与郊区农村旅游业发展的重要关系，激发人们的自觉意识。（5）提高清洁工的地位，让一批具有专业素养的人担任清洁工作。

我想起一个日本清洁工的真实故事。故事的主角是利用暑假到东京帝国饭店打工的女大学生，负责刷洗这家五星级酒店卫生间的马桶。把手伸进马桶刷洗的第一天，她差点儿吐在马桶里。好歹熬了几天，正当她想辞工的时候，惊奇地发现一位老清洁工在洗完马桶后居然从中舀了一杯水喝了下去，并且自豪地说，经她洗过的马桶，水都干净得可以喝！女大学生受到很大震撼和启发，她感受到一种工匠精神的伟大，打消了辞工念头。暑假临结束时，经理前来查验清洁效果，她当着众人的面，从自己清洗过的马桶里舀了一杯水，毫不犹豫地喝了下去。在场的所有人都为之震惊，经理当即断定这位打工的女大学生绝对是企业需要的人。毕业后，她果然进入这家酒店工作，成为酒店最出色和晋升最快的员工。37岁时她步入政坛，很快成为日本内阁邮政大臣。她的名字叫野田圣子。

我真心渴望有一天，我们的郊区旅游成为没有遗憾的旅游，成为我国文化的一个载体，成为中华文明的一张美丽名片。

第三辑

学会学习

11 变复习为游戏

一、设计缘起

一到紧张的复习阶段，学生就会很烦躁，情绪不稳定，看到发下的卷子就皱眉，明显有抵触情绪，有时还唱顺口溜表示反抗。可见，学生对这种复习形式的态度是不认可的。有胆大的学生说："总做卷子，数学做，英语做，语文也做，在学校做，回家还做，真是扎进卷子堆了！"教师收卷子时更是困难，有的说忘带了，有的说没有做，有的甚至把卷子扔了告诉老师丢了。

哪里有压迫，哪里就有反抗。细想起来，学生出现这种情绪是可以理解的。10岁的孩子，天天面对写不完的卷子，怎能不烦躁？但是基本的训练、复习又是必需的，因为知识是容易被遗忘的，必须靠反复训练才能扎实掌握。怎么办？我觉得应该改变复习方法，帮助学生主动探索更快乐的学习方式。

二、教学设计与实施

● 第一环节：班干部设计游戏

语文复习分为三大块：基础知识、阅读理解、作文。这个活动主要是针对基础知识部分，于是我决定把这次活动设计权交给班干部。我把班干部聚集起来，对他们说："今天，你们是这个游戏的设计者，那要怎样进行设计呢？"他们一下子兴奋了起来。我说："第一关是把字音读对；第二关是把字词写对；第三关是把书中要求背诵默写的课文正确默写。你们分工，来领任务，确定游戏方式，目的是让全班同学在快乐的游戏过程中通关。"

班干部开始讨论，很快分好三组，并把方案交给了我。我一看，还是停留在检查学生复习情况的老模式上。于是我说："今天回家每人打半小时的游戏，然后思考打游戏时什么是最让你难以割舍、欲罢不能的。"

第二天，他们交流发言。"每打一关都有奖励，这很吸引我。""看到自己的比分比对手低就想超过他。""看到队友帮助自己躲开敌人，就浑身是劲，很快乐地再次投入战斗。"

我说："把这些都编入复习游戏中，让同学喜欢参与，去想办法吧！"他们进行了多次修改设计，总算有了比较好的方案。

● 第二环节：游戏启动

头天晚上，我把8个小突击队的名字藏在班里隐秘的地方，请同学们去找，谁最先找到，谁就是小突击队的队长。学生一下子兴奋起来，到处查看，最后有8个学生找到了。

班干部说："这8个人最有观察力！他们是当之无愧的小突击队队长。请余下的同学到自己喜欢的队报名，每队五人。"

这样全班就形成了8个小队，小队形成的基础是信任队长，因为队长是自己选的。队长会在自豪之余产生责任感，想尽办法帮助本队队员通关。

接下来，班干部发通关卡。第一关：滚地雷阵。就是把容易读错的字比喻成地雷，谁也不要踩上去，大家都读准确。全班学生每人手中拿着易读错的字，拼命地背记，队员之间相互提醒，相互检查。哪一队觉得自己可以通关了，就找小干部考核。几位小干部随意抽查，全队没有错误就算通关。然后由班干部发通关证，进入第二关。

第二关：找"间谍"。就是把书中所有要求必会的字词全部写正确，并把大家最容易写错的字词挑出来，每个队员至少挑出8个容易写错的字词，当作自己发现的"间谍"贡献给本队队员。全队队员一起认真学习这些字，必须掌握正确的写法，全队能挑出 70 个左右易写错的字，这就基本上可以扫清整本书中的易错字。大家相互检查，确认本册书中的所有字词都能写正确，就到班干部处通关考核。通关成功，班干部发通关证进入第三关，并奖励中午自由活动半小时。

第三关："抢宝贝"。即把书中所有背诵默写的课文全部掌握，默写正确。队员相互检查，尤其要检查默写课文中容易写错的字。然后找班干部通关，他们分发默写的小卷子。队员全部写对，就可以通过这一关。

三关都通过，就在班级家长圈中汇报成绩，请家长为学生点赞鼓励。这样做是为了让学生懂得自己的进步对家庭的影响，扩大闯关的意义，增加上进的动力。

就这样，学习过程既变成了有趣的游戏，又能不断得到家长圈里公开的表扬。它不仅让学生记牢知识，缩短复习时间，更加开心，还能增强小组的凝聚力，培养团结意识。一位同学曾在作文《友情》中写道："我闯关没有通过，隗和夫一直热心帮助我，就连课间他都不休息，一遍一遍地帮我检查，讲解语文知识，告诉我记忆的方法。他这么真诚无私地帮助我，我都不好意思偷懒了，拼命学习，终于提前闯关，取得胜利。"

三、反思与建议

（1）学习可以通过活动变得有趣。教师要顺应学生的心理特点，善于用他们喜闻乐见的形式完成教学任务，激发学生的学习兴趣，切记循规蹈矩，拒绝改变。许多教师看到游戏，就本能地觉得会影响学习，许多家长看到学生玩游戏就生气。其实，喜爱游戏是儿童的天性，教育要善用这种学习方式。

（2）变复习为游戏。枯燥的字词学习可以在快乐而自豪的氛围中完成，同时也使得学生学会了互相帮助，共同面对问题，懂得了在学习中依靠大家的帮助，相互支持，才能进步得快。这种意识对学生将来适应社会，在群体中工作，会产生积极的影响。

（3）核心素养中的学会学习，是一项很好的倡导。面对那些学生不喜欢的学习方式，教师应该引导学生，一起研究学习方式，总结好的方法，一起成为智慧的学习者，更好地解决学习中的困难，培养学习能力。

12 与诗人做同学

一、设计缘起

一天在学习古诗时，我们讲到了韩愈，有同学说"韩愈提携孟郊"，我便顺口问了一句："那你们猜猜，他俩谁大呢？"

学生都说韩愈大，因为是韩愈提携孟郊的，还有学生猜想他俩是师生……我告诉学生，孟郊比韩愈大 17 岁，他们很惊讶。不过话题一转，他们接着问："老师，能不能有什么办法一下子就记住他们俩谁大谁小？"马上有学生抱怨："唐代诗人如繁星一样多，怎么记得住？"回想自己当初的学习历程，这的确是个好问题。于是，我决定让学生以此为题，设计一个新颖的活动。

二、教学设计与实施

● 第一环节：学生自行确定方案

什么方法容易记住诗人的基本情况，还不会太累？我给学生两天的时间寻找。他们真的被难住了，都觉得那么多诗人不可能记住他们谁大谁小的。我建议他们回家去向父母讨教，和哥哥姐姐中会学习的人探讨，也可以上网查一查。这一过程，可以帮助学生形成懂得借力的学习意识和善于沟通交流的能力。

第三天，学生的发言很积极："我觉得每个学生都有自己喜欢的诗人，让每个学生详细讲述一位诗人，咱班 40 个人，每人讲一位就差不多了。这样我们既能初步了解 40 位唐朝著名诗人，又降低了学习难度。""可是前一个人讲完了，只记住了两天，后面再讲就忘了前面的，这可怎么办？""那就复习吧，多复习就记住了。"大家众说纷纭。

我问学生，你们学习这些是为了考试吗？学生说他们不是为了考试，是因为想知道这些诗人的故事，想了解他们。

对呀，走进他们，了解他们的追求、他们的生活，这是我们的兴趣，比考试更重要。大家想想，什么样的事物我们记得清楚，不容易忘？上学时，我们是不是每天费力记住路；每天中午吃饭时，我们是不是要提醒自己怎样用手拿住筷子，英语单词中的你、我、他、苹果这些词，是否每次用的时候要使劲儿回想？

学生很快明白了。"我们要设计一种方法，可以每天看到或者听到，就不会忘了。""让这些诗人每天出现在我们的生活里，就好了。要是可以贴在墙上，每天早自习讲一讲就不会忘记了。""这样很好，每天下课走过时，都可以看一看。"……

看到学生有了思路，我很高兴，鼓励他们 6 个人一小组细化自己的方案。要求是：不用死记硬背；每天都可以看到或听到；有意思；全班参与。

● 第二环节：确定方案，创意多多

经过讨论，学生设计出了一个方案：（1）腾出班里的一面墙做壁报，上面用一条长长的箭头和线表示时间，把唐朝分成若干小段，一厘米代表一年，线段大概四米长，包括了唐朝的历史。然后，每个学生负责一位诗人的介绍。（2）每个学生早自习讲述完一位诗人后，就到壁报上在相应的年代贴上为这位诗人做的花。花上记录的是这位诗人的生平简介、著名诗篇及风格、与朋友往来的趣事、诗坛贡献及影响或对此诗人的评价。（3）这些花在班里"开放"一个学期，每天由学生欣赏回味。全班学生介绍完之后，开展一次"品诗大会"，以同学讲述过的内容为题目，考查谁记住得最多，评出最佳者。

这个方案得到学生的一致赞成，他们都非常喜欢。方案修改的过程中，学生的分析能力得到了很好的锻炼，也明白了学习的方法有很多种。

● 第三环节：实施方案，快乐多多

　　学生热情地收集诗人的各种材料，早自习成了他们的演讲舞台。每个学生都激情投入，讲了许多诗人的诗作风格、趣事，让其他同学大开眼界。

　　下面是一位学生的演讲实录：

　　我想介绍孟浩然，因为我觉得他不受幸运之星的青睐，一生平凡，但这并不说明他无能。就像许多普通的人一样，有才华也不一定就世人皆知。

　　孟浩然（689—740），名浩，字浩然，号孟山人，襄州襄阳（现湖北襄阳）人，世称孟襄阳，唐代著名的山水田园派诗人。孟浩然生于盛唐，40 岁时进长安考进士，没有考中，是唐朝诗人中最平淡过一生的。在 48 岁时，被张九龄招为幕府。在《望洞庭湖赠张丞相》中，他写下了"八月湖水平，涵虚混太清。气蒸云梦泽，波撼岳阳城。欲济无舟楫，端居耻圣明。坐观垂钓者，徒有美鱼情"的诗句。这首诗的艺术特点，是把写景同抒情有机地结合在一起，触景生情，情在景中。诗的前四句，描写洞庭湖的景致。"气蒸云梦泽，波撼岳阳城。"在这浩瀚的湖面和云梦泽上，水气蒸腾，涛声轰鸣，坐落在湖滨的岳阳城都受到了震撼。把洞庭湖的景致，写得有声有色，生气勃勃。这样写景，衬托出诗人积极进取的精神状态，暗喻诗人正当年富力强，愿为国家效力，做一番事业。"坐观垂钓者，徒有美鱼情。"可惜，他仅仅活了 52 岁，让人惋惜。他的诗更多地写山水田园和隐居的逸兴以及羁旅行役的心情。孟浩然的诗虽不如王维的诗境界广阔，但在艺术上有独特的造诣。那首《春晓》更是家喻户晓，可当三岁幼儿的启蒙诗，当 80 岁时去读也依然可读出不同的韵味。

　　唐开元二十八年（公元 740 年），王昌龄遭贬官途过襄阳，访孟浩然，相见甚欢。孟浩然背上长了毒疮，医治将愈，因纵情宴饮，食鲜疾发逝世。

　　学生自己设计、发现、总结、撰稿、演讲，在这个过程中，全班学生认真倾听交流，在壁报上分享成果。他们都觉得没有压力，兴致盎然。那长长的壁报就成了学生讨论的平台，他们戏称："这壁报是诗人的操场，无论他们多么才华横溢、放荡不羁，全到这里立正站好，排列整齐，似乎在热切地关注我们，又似乎在检阅我们。我们也要每天去问候他们，检阅他们，了解他们，记住他们……"

听到学生的话，我笑了，激励他们说："那要看看你们这些教官是否合格？是否能够超越他们？否则你们可无权检阅他们！"

从此，每天课间，学生都会有意无意地看一看壁报，这些诗人就像他们的同学，和他们在一起生活，也就很容易就记住他们的先后顺序了。

学生在做诗人壁报

● 第四环节：唐韵扑克，把玩在手

经过一个学期的演讲、交流，学生对唐朝的诗人、诗风以及唐朝初期、中期和晚期的诗作风格都有了总体认知。看到墙上排得整齐的诗人队列，又有学生说："以后别的班用这个教室，咱们的壁报就作废了，太可惜了！"听到这番话，我知道学生懂得珍惜自己的辛勤劳动了，在活动过程中对唐朝诗人也真的有了感情。我想他们已经把唐朝诗人真的当作了自己的朋友，何不把活动到底到底，凝练出结果呢？于是组织家长和学生一起设计了"诗风唐韵扑克牌"，一张扑克牌由一位学生负责，设计中要加入自己喜欢的唐朝诗人，并介绍他的诗、诗风和生平等，还要有自己的诗和照片。全班40名学生，共设计40张扑克牌，再选出学生自由创作的优秀的诗，配上集体活动的照片。学生把设计好的扑克牌拿在手中，时时把玩，自豪涌动，乐趣无穷。

以下是扑克牌中的样品：

骆宾王

骆宾王（约638—684），字观光，唐朝诗人，"初唐四杰"之一。

于易水送友人

骆宾王

此地别燕丹，壮士发冲冠。
昔时人已没，今日水犹寒。

颂观光

龙瑞也

初唐神童咏鹅牙
少年英豪青云志
文创新风列四杰
一纸讨檄传千古

贾 岛

贾岛（779—843），字阆仙，人称诗奴，唐代诗人。

十年磨一剑，
霜刃未曾试。

邢阳Jessica：

时雨及芒种，四野皆插秧。
花神又离去，百花依芳香。

秋分九月稻花香，
寒露十月观金浪。
米宝早已睡粮仓，
根部成行迎霜降。
——邢晓阳《秋稻》

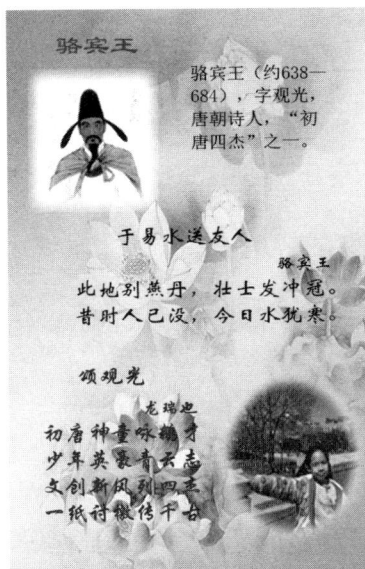

三、反思与建议

（1）这次"与诗人做同学"的教学活动历时数月，每天早自习用10分钟时间介绍诗人，看似平淡，无法呈现一种精彩、极致的教学瞬间，但是日日滋养，拉近了诗人与学生的距离。每天看到墙上又多了一位"朋友"，学生都戏称他们为同班同学，收获颇丰。

（2）鼓励学生自己想办法。教师可以帮助学生总结、调整，但主要是学生的创意。只要教师想办法释放学生的创造力，就一定会大有收获。

（3）在学习过程中，学生往往受思维定式的影响。本次活动开始的时候，学生就曾经陷入"死记硬背"的思维中，我及时提醒，启发他们可以自由创作，把诗作转化为自己的理解进行讲述，效果好了很多。

13 乐搞易读错字

一、设计缘起

一次期末复习时，我带领学生复习容易读错的字，并让他们把归纳的容易读错的字带回家复习。第二天抽测时，小国（化名）还是错了很多。我给他妈妈打了电话，得知他在家里根本没读。

我把小国叫到身边问原因，他说："我不喜欢读，记不住。"我听了心里纳闷，自己很容易做好的事，为什么学生会觉得难？我又找了几个学生私下谈话，发现成绩不好的学生，都不喜欢这项作业。

"容易读错的字很难记，当天读对，第二天又读错了。"

"把许多容易读错的字打印在一张纸上，读着读着就觉得自己都乱套了，一读就慌，一慌更容易读错。"

……

作为老师，看到学生的困惑，我必须解决，而且要让学生懂得方法的重要性，学会创新地解决问题。怎么办？不如选择学生喜欢的方式：乐搞。

二、教学设计与实施

● 第一环节：制订方案

我问学生："想不想轻松地把这些淘气的易读错字搞定？"

学生说："愿意啊，可是怎么搞定？"

我说："过去我们总是多次读，反复记，效果却不好，谁想过原因？"

学生说："易读错的字，记住正确读音太难了。"

我逗笑地说："记忆一个读音，比打赢一级游戏难吗？"

学生们都笑了。

我再问："你们认真想一想，这说明什么？"

"记读音很无聊，是被迫的。"

"记读音没有趣味。"

我说："说得好！做任何事情都要想办法把它做得有趣，生活才更有意思，学习才进步得更快。我们应该有比死记硬背更好的方法，请大家思考，谁的方案好，明天我们就照着他的方案做，看谁能成为'智多星'！"

晚上，我对家长提出请求，请他们集思广益，和学生一起想办法——这个过程很重要，可以帮助学生养成解决问题的意识。

第二天，一位学生提出：让全班学生把自己经常读错的字，每人找出10个，然后两人一组选出几个易读错的字，编写在故事中，每天演给大家看。这个创意最后被学生全票通过。我们把这个创意的第一步叫作"抓特务"。

学生找出了许多容易读错的字：

生肖（xiāo）　　膝盖（xī）　　一匹（pǐ）　　装载（zài）

比较（jiào）　　因为（wèi）　　勉强（qiǎng）　　铁钉（dīng）

钉箱子（dìng）　倔强（jué jiàng）　飘散（sàn）　　散落（sǎn）

兴奋（xīng）　　似的（shì）　　邮差（chāi）

贡献者：封芸

……

看到大家的智慧，我很惊喜。从来都是教师给学生发复习资料，而这次是学生自己寻找复习资料。他们觉得这其中有自己的贡献，标注有自己（贡献者）的姓名，格外珍惜。

● 第二环节：当作家，编故事

有了这些词，接下来就来编故事。我请学生两人一组选词。谁先选择，后面的组就不能再选择这些词了。这个环节主要是给学生自由，让他们在自行选择的基础上快乐学习。而在众多的词语中选择，本身就是一次复习，而且是主动积极的复习，这样记住的词汇才更深刻。

接下来的班会上，我们开始编故事。要求：两个人编的故事中至少要用上 10 个容易读错的词。以下是学生编出的优秀故事：

一个孩子从小跟随父亲在山里狩猎，蒿草、砾石经常弄得他遍体鳞伤。尽管这样，他依然很兴奋。清晨，薄雾在山谷中缭绕，他一不小心遇到了黑熊。他拼命奔跑，挣脱了这巨大畜生的威胁，膝盖、胳膊都在淌血。他倔强地想，长大后一定要像父亲一样魁梧。内心怀着憧憬，他坚强地漂泊在丛林中，和父亲学习狩猎的本领。很快地，他长大了，一天听到附近有响声，警觉地潜伏起来，终于又遇到了那头黑熊。他怒发冲冠，用智慧与力量跟它搏斗，经过长时间的鏖战，他终于给了黑熊惩罚，虽然已汗流浃背，但是满载而归，他成了猎手中的英雄。

听完这个故事，我让学生记下容易读错的字，然后进行比赛，看谁发现得多。

学生都非常专心地收集，最后发现了许多词语：狩猎、蒿草、砾石、兴奋、膝盖、挣脱、尽管、魁梧、薄雾、倔强、附近、怒发冲冠、憧憬、汗流浃背、惩罚、满载而归等。这等于又复习一遍易读错词。

● 第三环节：讲述错字的故事

每天中午吃完饭后，由学生讲错字的故事。有的学生把自己复习功课的情境编成故事，有的学生把自己和家长做饭时的情景编成故事，还有的学生把许多容易读错的字编成相声小品等，表现出他们对纠正错字的浓浓兴致。

在编故事、演故事的过程中，学生不仅记住了容易读错的字，更体验了当编剧、导演和进行表演的过程。他们最后的感受是：复习不再像过去那样枯燥了。

期末，我让学生分析自己的复习收获，他们写道：

遇到困难要主动想办法解决，一种方法解决不了，就要探索更好的方法。

复习是重复性学习，有些枯燥，但是经过这次复习容易读错的字，我认为任何枯燥的事情，经过人的智慧创造，都有可能变成有趣的事情。

学中玩，玩中学，不仅可以记住错字，还可以感受到快乐、刺激。看来，学习是要讲方法的。

三、反思与建议

（1）对小学生来说，死记硬背的知识常常令人头疼，会极大地挫败他们的学习兴趣。面对这种情况，教师要和学生一起想办法，在枯燥的学习中找到乐趣，发现学习的最佳方法。教师也不要一到复习时就把面孔冷起来，整天讲题改错，要善于让学生在"玩"中学习。

（2）教师平时要注意培养学生的主动性，给他们创设亲身实践的机会。这次创新实践活动，我是放手让学生自己去设计方案的。因为是他们自己设计的方案，所以在后续活动中非常投入。对学生表现好的方面，我及时予以肯定和表扬，让他们不仅体验到掌握知识的乐趣，也体验到设计学习方法的乐趣。

14 情趣盎然的"作文课"

一、设计缘起

当今，家长对孩子的学习都非常重视。我在小学任教20年，教的每一届学生的家长都会出现两种情况：一种是家长自认为非常负责任，孩子作文不好，就给孩子报作文班，很舍得花钱，结果是孩子的写作能够规规矩矩地照葫芦画瓢，但是行文拘谨，不敢有创新，更没有灵性，失去了原本的童心；另一种是，家长总认为学生不够努力，就简单粗暴地训斥他们不如谁谁谁，或给孩子买很多作文书、练习册，在写作文前找一些相关材料，仿写或为了图高分甚至让孩子抄袭。每当看到这些家长，我都想大声地对他们说：作文是写生活，写自己的感悟，要体现自己的审美情趣，而这些感悟和审美情趣的获得，要靠家长从小就培养孩子的观察力、感受力、思考力，鼓励他们真实表达，甚至要允许他们有"不规矩"的想法。

二、教学设计与实施

● 第一环节：湖边体验

为了帮助家长体会如何在生活中指导学生写出好作文，如何在生活中感受难得的童趣，我和家长一起在河边上了一堂别开生面的作文课——"捕鱼"。目的是让家长亲临现场，和学生一起经历、体会作文的诞生过程。并希望他们明白：作文是真实的情感流露；需要时间，是阅读积累的绽放；是培养学生审美情趣的重要平台。

在活动前，我首先开了一次家长会，和家长交流这次活动的打算，让他们明白我的活动目的。我告诉家长，我们会在游戏中细心观察，认真体验，一起思考。其实，作文的难与不难，不在于写的时候，而在于写之前的体验与思考。即写之前有没有观察，有没有思考，有没有积累，有没有感悟，这才是最重要的。作文就是写自己的生活、自己的想法。

到了湖边，我先把剪刀、细绳、铁丝、打火机、大号矿泉水瓶、粗绳、饼干、馒头等放在石头上，让学生观察、思考，用这些东西怎样抓鱼？家长在旁边观看，但不许说话。

学生绞尽脑汁，想出了许多方法。我进一步引导他们，根据每样工具的特性去思考。很快，学生通过相互启发，多次交流改进方法后，终于知道怎样制作捕鱼工具，开始兴致盎然地动起手来，把制作过程分清顺序记在心里，做好后放上饼干开始钓鱼。学生一会儿捞上来看看，一会儿大呼小叫"有鱼来了！"

我看见一个躲到远处的学生，静静地等了20分钟，一下就捞上来了3条小鱼。于是，我把学生聚在一起，让他们思考，为什么他最先钓到这么多鱼？

学生交流后明白了，钓鱼时要静心等待，不能急于求成、打草惊蛇。于是，再次捕鱼时立即安静了许多。

看到他们忍住心性，伸长脖子默默等待，我又启发道："难道只有等待这一种方法吗？我们不能浪费这大好的湖边风景，要怎样度过等待的时间才更有意义？"

在我的启发下，学生有的拿起手机照相，有的把拴瓶子的绳子用石头压好，静静地走到远处去打水漂，还有的到距离湖边远一点的地方打扑克，只轮流让一人盯着。

看到这些，我和家长聚到一起，讲述学生作文中要达到的标准：故事完整、描写具体、中心明确、详略得当等。这些知识，家长不必再讲给学生，我所需要家长帮忙的，就是在平日里智慧地启发孩子善于思考，养成乐于思考的习惯。我请他们待会儿要认真倾听我与孩子们交流分享的内容，感受捕捉学生发言中有情趣的地方，体会学生审美情趣的不同之处。

我认为，学生的学习能力往往来自家长对学习的认知水平。提高家长的认知，在生活中他们就会更有效地帮助孩子、启发孩子掌握学习方法，教师也将获得最优秀的助教。家长可以在这次活动中学到引导学生写作的方法，将它们带到今后的生活中去，把孩子生活中看似平常的事情拿出来交流，引领他们去发现生活中的趣味，培养情趣。有了这样的思维习惯，就可以让学生的作文慢慢地变得选材新颖，独具匠心，生动感人。

● 第二环节：交流感受

为了让家长明白我求真求新的教学观念，我把学生聚集起来，让他们说自己的感受，家长认真倾听。我给家长布置的任务是：请倾听哪个学生的感受，给大家的启发最明显？哪个学生的发言最令人感动？下面是学生的发言记录：

作文评讲

一号学生开心地说："今天不一会儿就抓到了两条鱼，我很快乐。"

二号学生想了想说："我没抓到鱼，但是和大家在一起玩也很快乐，比自己在家好。"

……

五号学生淘气地说："今天我没抓到鱼，却欣赏到这里接天莲叶无穷碧的景致，懂得了鱼和熊掌不可兼得的道理。"

六号学生说："老师教我们仅仅用这几样普通的小东西就能抓到鱼，我以前没想到，开始也不太相信，但是现在看到大家抓到那么多鱼，我觉得自己当初的想法错了，看来的确应该多思考、多实践。"

……

学生的发言很精彩，非常真实地体现了每个人的内心世界。其间，为了鼓励孩子童真的心灵和精彩的发言，我多次带头鼓掌，表示赞同。

在此之后，我请同学们思考：刚才的发言是从哪几个方面谈抓鱼的感受的？

学生的思考从感性到理性，这是学会学习的重要途径。有些同学从抓鱼中感受到快乐——学会制作抓鱼工具，抓到好几条鱼，还和小鱼玩等；有些学生从放鱼感受到愉悦——恢复小鱼的自由，成人之美会让自己感受到快乐；抓不到鱼的人也快乐，因为欣赏到了美景……

我总结道："小小的一次抓鱼，就有如此多的角度。因为每一个人的性格不同，看问题的角度不同，所以对同一件事就有了众多的思考，这就是文章的魅力。作文就是要写出自己独到的见解。"

家长围观，认真倾听，不住地点头。

● 第三环节：家长感悟

这次交流之后，学生又回到河边玩耍去了。我请家长谈一谈对哪个环节的教学最感兴趣。家长的发言如下：

真没有想到孩子已经有了这么深的认识，由捕鱼这么一件小事居然能够提到尊重动物。

我觉得您引导学生在捕鱼的时候可以有效利用时间，去欣赏美景，这个可以降低孩子一开始竞争抓鱼的紧张，让他们感受到生活无处不在的乐趣，去除功利之心，养成积极乐观的心态，体会到生活本身的乐趣，这是我平时对孩子引导不够的地方。

听到那个学生说没抓到鱼也快乐，我很感动。孩子其实不功利，他们只需要在一起玩就很快乐，我被孩子的纯真感动了。以后应该多给他们创造这样的交流机会。

交流之后，我对家长说："玩的目的是追求快乐，而每个人对快乐的理解不同。学生学会学习，其实很大一部分是学会体会生活的美妙，学会感知万物之间的联系。从捕鱼中，学生感受到了善良、友谊、尊重、纯洁，这些极其重要的、感人的、珍贵的情感，会深深地在学生的心里扎根，提高他们的审美情趣。而这些就需要家长在平时的生活中做个细心的人，时时引导学生学会学习，学会生活。"

家长纷纷表示这次活动给自己带来了很大的启发，让他们懂得了作文要有生活体验，相信孩子回去写的作文一定会生动、自然。

是的，我们要重视培养学生的审美情趣。平日的生活中，有许多瞬间可以作为教育契机，帮助学生追求美好，追求善良，培养他们对生活的热爱，这对他们的终生都有益。

后来回到班里上作文课，题目就是"抓鱼"。因为有了亲身体验，并且在体验过程中有教师的指导，学生明白了作文就是写出自己独到的感受，写出与众不同的体验。于是，作文读起来轻松自然，文字间流淌的是一种清新之风，充满童趣。以下是几个作文段落：

今天抓鱼，没想到我居然抢到了头名。第一个把鱼抓到了。太不可思议了，连妈妈都觉得意外，笑得合不拢嘴，开心地向身边的叔叔阿姨夸奖我，一点儿都不低调。上次妈妈在单位通过技术大赛辛苦升职，也没见她这么高兴……

鱼儿躲在深水区，似乎很胆小，我只好忍住好奇心向后退，伸长脖子使劲看，心里猜着小鱼儿什么时候才能进我的圈套。其实我并不想伤害小鱼，我只想抓它们上来，和它们聊聊天，再放回去。当然，我也有功利之心，不想让同学们笑我笨，抓不到鱼。小鱼啊，你们可知道我的心？

老师的捕鱼神器可真棒！几样简单的东西，三两下就做出个捕鱼器，可真让我大开眼界。原来一直以为女老师都不会玩，现在可不敢这么想了。我很佩服我的老师！从她这里，我看到我们要学的还很多，以后不能骄傲了，不敢再看不起玩不转电脑的妈妈了，也不敢再看不起不会用导航的爷爷了，他们身上一定都有许多本领是我不知道的。我以后要谦虚地向大人请教，快快地增长本领……

这些生动的语句，我让同学们传看，也让家长们传看，大家都感受到了作文的可爱之处，也都明白了：作文要写自己的真实内心；明白了学习要从生活中来，也要回到生活中去。

后来很长一段时间，家长经常和我交流他们和孩子在生活中发生的细节。有些家长真的开始用细腻的情感感悟孩子的内心世界，用冷静的思维审视他们的疑惑和见解，学着捕捉孩子的精彩瞬间，珍惜记录孩子的成长。在和家长的交流过程中，我感受到让家长明白教师的教学理念是非常必要的，给家长正确教育方法上的指导，更是非常有效的。因为中国家长太可爱、太可敬了，他们为了自己的孩子，可以奉献一切——时间、精力、金钱，都在所不惜。而家长最需要的是具体的指导。

三、反思与建议

（1）学会学习，离不开家长的引导。原生态家庭对学生的学习，影响巨大。简单粗暴的家长指导下的学生作文，也许是简单粗鄙的；温文尔雅的家长培养的孩子，作文中也散发着雅致的气息；知识广博的家长影响下的孩子的作文，内容丰富，引经据典……孩子的作文离不开生活，离不开大自然，更离不开家长的引导和影响。家长在平日生活中所赋予学生的价值观和对生活的灵感，是课堂和书本无法给予的。大文豪鲁迅儿时曾迷恋的百草园、高尔基的母亲、朱自清的背影，哪一个能离开生活的原生态，更何况我们的孩子呢？提高家长的认知，是一个很好的提高学生作文水平的途径。因此家长要重视培养自己的生活情趣，重视思考孩子的话语，帮助孩子学会感知，学会思考，以此支持学校教育，提高孩子的学习能力。

（2）学会学习的重要途径是，在大自然中获得丰厚的体验。无论是儒家思想中追求的社会责任，还是道家追求的精神完善，都充满着对大自然的敬畏与不懈的追求。"无边落木萧萧下，不尽长江滚滚来""夕阳无限好，只是近黄昏""大江东去浪淘尽，千古风流人物"等千古名句，如果作者不是在大自然中沉醉，与大自然融合，又怎能有如此深刻的感悟。小孩子更是如此。《昆虫记》的作者法布尔投身大自然，他的发现令昆虫科学家都赞叹！教育又怎能离开大自然？大自然会赋予学生许多灵气。

（3）培养学生的审美情趣，是学会作文的重要途径。在教学生活中，帮助学生追求美好，追求善良，培养他们对生活的热爱，是帮助学生形成良好审美情趣的基础。教师要有意识地设计一些活动，让学生品味生活中真正的美，激起他们对于美的追求。教师要注意尽量把活动设计得有情趣，避免干涩的说教，在趣味盎然的活动中提升学生的认知。学生心灵中跳动的是美丽的天使，流淌在笔尖上的是天使一般美丽的语言。

15 作文没有那么难

一、设计缘起

四年级时，学生刚开始接触心理描写，总是语句生涩，不能写得细腻生动，更谈不上表达独特的内心体验。这让我很困惑。心理描写确实是有点儿难，但只要细细想一想自己做事时的心情，就可以写好啊？

一天，我在读一本心理学书籍时受到启发，也明白我的问题出在了哪里——三四年级的学生，对于刚刚发生的事情的细节记得清楚，但对已发生一段时间的事情的细节就很难回忆起来，尤其是稍纵即逝的感受。这与他们的年龄特点有关。

我决定找机会和学生一起体验，引导他们更好地用语言描述自己的心理感受，消除他们对作文的畏难情绪。

那是一个春天，下雨了，开始很大，慢慢地变成了毛毛细雨，操场上到处水亮亮的一片。学校为了安全，取消了课间操。望着窗外柔柔的、绵绵的春雨，我意识到机会来了——雨天是最具诗意的气象之一，回想起自己从小就喜欢在雨里玩，雨也总是可以给我无限遐想。在蒙蒙细雨中的那种特殊享受，激发了我无穷的想象力。儿童都对大自然非常好奇，也有着天然的感应。于是，我决定把作文课上到操场上，上到毛毛细雨里。

二、教学设计与实施

● 第一环节：拥抱小雨

第二节下课前，我赶快到班里在黑板上用充满童趣的艺术字写下：林老师今天要给大家介绍个新朋友，猜猜是谁？还把"谁"字的两个点，换成两只充满好奇的大眼睛。学生们上完科学课兴奋地跑回来，一进班就看到了我写在黑板上的可爱的艺术字，兴致勃勃地猜起来。

上课了，我故作神秘地说："老师给你们介绍个新朋友，好不好？今天我们要与它进行心灵对话。"学生莫名其妙，左看看右看看，大胆的博宇还蹿出门外张望，一脸疑惑地问："没有人啊？"同学们都被逗笑了。

我微笑着说："今天的新朋友就是毛毛雨。我们一会儿到操场，伸开手臂，仰起脸，谁也不许说话，用心灵与它交朋友，看看会感受到什么……怎么样？"

学生顿时兴奋起来。

我和学生们来到操场，伸开手臂，仰起脸，静静地站在雨中。学生们陶醉在雨中，有的慢慢在雨中走，有的静静地看，有些顽皮的学生则忍不住在雨中奔跑……

● 第二环节：感悟写作

回到班里，我请学生先不要说话，故意让他们把心中翻滚涌动的感受憋在心里，然后再把自己的感受写下来。

班里刷刷的写字声，像动听的乐曲；学生的笔端，流淌出优美动人的句子：

小雨温柔地抚摸，像天使的羽毛翅膀在轻柔地扇动，让我不想动，只想那样静静地站着。

晶莹的小雨滴在彤彤的卷发上调皮地荡秋千，让我回忆起自己荡秋千时的喜悦。

小雨落在我的手臂上，落在我的脸颊上，也落到我的心里，让我的心里痒痒的。

毛毛雨把操场变成水亮亮的一面镜子，我舍不得去踩碎，久久地站立凝视。

这些生动的句子是平日里坐在教室中很难写出来的，我一边读，一边惊喜。我发现其中最"奇怪"的是冬冬写下的句子：

我听到毛毛雨奏着交响乐，我和着咚咚的鼓点，在和毛毛雨跳舞。

毛毛雨原本是无声或很小声的，不可能像交响乐？这其中一定有缘由。我追问他："毛毛雨的声音，别人都听不到，你怎么能感受到那么激烈的节奏？"

冬冬得意洋洋地说："过去，妈妈一下雨就让我回家，怕我感冒，可是我真的喜欢在雨中跑，今天一听说您带我们去淋雨，我就激动得心咚咚跳，所以听到的全是鼓点的声音。以后妈妈再不让我淋雨，我就说林老师都让……"

我看着他那圆嘟嘟的脸上显出的得意的样子，点着他的小鼻尖说："今天回去不许着凉感冒啊！要给我争气，不能让你妈妈来找我兴师问罪！"

全班学生哈哈大笑。

借着学生的兴奋劲儿，我让学生归纳：大家是通过什么方法把小雨写得具体生动的？这样做的目的，是把学生热热闹闹的外部体验，转向冷静的内部思考。

学生积极发言，有的说要结合生活经验，有的说要根据毛毛雨的特点进行合理想象，有的说要结合学生本人的性格特征……

我接着又问："诞生了如此多的生动句子，还有一个原因就是我不许你们说话。你们再回忆一下，有没有新的发现？"学生静静地回忆，发现：不说话就可以全神贯注地体会，要是总和别人说话就不会专心；不说话才能平静下来，不受干扰地细细体会，感受到心灵；不忙着说话，就会感受到皮肤上落下的小雨走进心里；不说话时，闭上眼睛，皮肤的触觉似乎就格外敏感，似乎每一个细小的雨滴都能感受到。

我告诉学生，这才是写好作文心理活动的关键。静下来，全神贯注地体验，才能听到自己内心的声音。

这节语文课上得生动有趣，深入细致。直到下课铃响了，大家还在兴致盎然地交流。

我当天留了作业，请学生收集古诗文中各种描写雨的诗句以及名家写雨的经典句子，让大家在对比品读中感受各种描写的妙处。

第二天的品读课中，有的学生把春雨和秋雨做了对比，感受不同季节的雨所抒发的作者的不同情感，有的把农村的春雨和城市的春雨做了对比，有的把欣喜的人眼中的春雨与愁苦的人眼中的春雨做了对比……

在这次心理描写的训练中，学生感受到了诗歌的美妙细腻，更感受到了春雨的飘逸与意境。因为有了自己的体验，学生的心理感受自然丰富，对雨、对诗有了更深刻的理解，对这节课也印象深刻。

三、反思与建议

（1）语文学习要紧密结合生活。这次利用最常见的小雨，让学生亲自体验后再学习心理描写，他们不仅不再觉得作文枯燥，反而觉得有说不完的话，对作文中求真的意义也有了深刻的体会。

（2）有些写作能力不太强的学生，往往会有很好的想象力。因为他们往往更渴望自由，更喜欢自然地表露，但是因为语句不通，遭到教师的批评，对写作失去了兴趣。所以，即使学生的用词用句比较幼稚，教师也绝不可以忽视，一定要重视其中的灵性。千万不要用成年人的眼光，框住学生的思维。如果当时我发现学生写"毛毛雨在奏交响乐"，仅根据自己的认知就否定学生，而没有耐心了解他的内心，就会大大损伤他的写作热情。

（3）作文教学应该让学生感受到学习的快乐，学会积极地抒发自己的感受，而教师的职责之一，就是让学生去经历、去感受。

第四辑

健康生活

16　做真正的贵族

一、设计缘起

一天，我在班里批改作业，听到一段学生的聊天，引发了我的思考。

"我妈说要把我往'贵族'里养。"

"怎么养？"

"穿衣服要穿大牌，还要开豪车、住别墅，学会跳芭蕾、弹钢琴，将来还要上贵族学校。"

"哦，这样就是贵族啊！"

听到这段对话，我不禁停住了笔。现在，许多家长让孩子学国际象棋、拉丁舞、击剑、马术，培养他们多方面的技能、兴趣，这本无可厚非，但如果在这个过程中给孩子灌输不正确的价值观，后果是很严重的。

我经常会听到家长这样的议论："要进入上流社会，就要学习马术。""将来要去欧洲生活，得学会跳芭蕾。""我们不学乒乓球，太土了！我们要学击剑，多绅士啊！"这些话容易给孩子纯洁的心灵增加许多不纯洁的色彩，让原本阳光的健身运动沾上许多铜臭味。

只讲物质不谈精神，或者把贵族定义为物质生活的富裕，就有可能会给孩子个人素养的养成带来缺憾，要让他们了解贵族这个词语背后的含义，正确理解贵族精神，抵抗周围环境中的一些低俗的东西。

二、教学设计与实施

● 第一环节：讲述两个英国贵族的故事

我让学生观看有关敦刻尔克战争的相关电影，讲述战争中苏格兰公爵父子的故事：在第二次世界大战中，为了抢救英国士兵，苏格兰公爵自愿参与救援，无偿地用自己的游艇救助英军士兵，最后重伤身亡。他的儿子接过父亲的重任，接着完成了救援士兵的任务。

看后，学生获得了如下感悟：

贵族不只是物质上的"富"，还应具有精神上的高贵品质。

许多人误解了贵族，以为吃的穿的高级，比别人有钱就是贵族。我对贵族的理解是，不仅在思想上进步，举止优雅，还要有一颗爱国心。

可以看到，学生已经认识到贵族不仅指物质生活的优越，更应该有高尚的精神，被大家所敬仰。

我又给学生讲了英国现任女王伊丽莎白二世的故事。在第一次世界大战中，伊丽莎白二世年仅十几岁，但她说服父亲，允许自己参与一个支援战争的妇女团体。在那里，她是编号第230873号的伊丽莎白·温莎少尉，曾经做过最危险的工作——掌管信号灯，那是最容易被敌人击中的工作。

在讨论这个故事时，我还播放了女王伊丽莎白二世受人们欢迎的图片，学生的发言十分踊跃：

我过去认为贵族是剥削人民的，没想到原来是这样的。

贵族也分好和坏，作威作福的就不会获得人民的喜欢。

今天认识的公爵和女王让我感觉很震撼，他们完全可以远离危险，但却选择了为国家出生入死。

我从小就幻想自己是小公主，一直觉得公主就应该穿漂亮的衣服，言行任性，随意指使仆人，可以为所欲为。今天的故事让我觉得羞愧。

……

● 第二环节：深入探索，多角度认识贵族

为了让学生更深入地认识贵族的担当，我带他们阅读了有关叶卡捷琳娜二世的一段故事。叶卡捷琳娜嫁到俄国后，为了更好地履行自己的责任，努力学习俄语和国家管理知识，废寝忘食，刻苦极了。

接着，我又让学生回家查阅欧洲贵族的孩子从小要受什么样的教育，探索贵族孩子的生活，如童年生活、学习故事等。

学生在查询资料中了解到很多知识。

中世纪的英国，出身良好的贵族如果想成为一名骑士，须接受必要的教育和训练。第一阶段为家庭教育阶段，主要由母亲负责对幼童加以养护，进行初步的宗教和道德教育。第二阶段为侍童教育阶段，即将七八岁的儿童送到比自己家庭高一级的封建贵族家中充当仆童，接受上流社会的礼仪教育，偶尔观摩骑士比武和训练。第三阶段为侍从教育，即年龄在12至14岁的孩子，侍候领主，形影不离，继续学习贵族礼仪，并要照料主人日常生活。年龄再大些，便在比武场和疆场上观摩、锻炼，学习使用各种武器和战斗技能。

学生还明白了贵族不仅是贪图享受，甚至要忍受许多屈辱。

伯格利勋爵教学有方，注重劳逸结合，除要求学生适当参加狩猎、射箭、歌咏等活动外，还要求他们定时学习包括语言、写作、绘画、宇宙学和舞蹈在内的课程。整个看来，在都铎时代，伯格利式的良师毕竟为数不多。还有较多老师，难以摆脱旧式贵族教育的窠臼，课程老化，内容生涩枯燥，对贵族学生粗暴简单，动辄加以体罚。当时英国最新型的学校威斯敏斯特学堂，就以校长巴斯利博士的残暴残忍而闻名遐迩。他们对于贵族的孩子要求极其苛刻。

学生读了这些后，明白了贵族的孩子也要经受苛刻的教育，学习任务非常繁重，因为他们不能给自己的姓氏和家族丢脸。

还有的学生发现："亚平宁半岛曾经是文艺复兴的中心，建筑、绘画和雕塑艺术均居西方世界之冠，是英格兰才俊最好的课堂。北部的佛罗伦萨、威尼斯、米兰等历史名城拥有丰富多彩的艺术瑰宝。许多贵族的孩子从小就被送到这些地方学习。"

通过交流，学生受到了不小的震撼。这些知识是他们过去从未接触到的，他们对"贵族"有了更多的认知。

● 第三环节：对比中国父母的教育，扭转学生认知

我把英国贵族阶层崇尚的教育呈现给学生，让学生了解贵族的"课程"。结果发现，他们的许多做法很有趣，而且包含了许多教育学的原理。例如：（1）让孩子学会游泳，每天"用冷水洗脚"。（2）无论冬天夏天，衣服都不可过暖，有适度寒冷感为好。（3）女孩的衣服千万不可太紧，尤其是胸口一带，要按照它自然的方式去形成体态。（4）一切告诫与规则，无论怎样叮咛，除非形成习惯，全是不中用的。（5）至于饮食，应该极清淡、极简单。我们的味觉之所以嗜好美味，全是习惯养成的。（6）早餐不可太饱。早晨通常是念书的时候，吃得太饱是一种不良的准备。（7）一切糖果都应尽量不吃。（8）只有睡眠是儿童可以充分享受的，最能增进儿童的生长与健康。（9）卧床应该是坚硬的，宁可用絮绒，不可用羽绒。睡在羽绒被里，是消融体魄的，那是虚弱的原因，短命的先兆。

欧洲很多人对这些经验笃信不疑。大教育家洛克曾经提出过"罗马幽默"，即在形容一个孩子无用时，人们总会这样说："既不知道读书，又不知道游泳。"因为罗马人主张让孩子游泳，并把游泳看作与文学并重的素养。

在对比中，学生感受到了父母对自己的过分宠爱，总是想让自己享受奢华的生活，不愿意自己受苦。在充分的交流中，学生进一步思考了"贵族到底是什么？"

● 第四环节：给学生树立榜样，形成贵族新观念

在以上的讨论中，学生已经深刻地认识到贵族精神首先是对自己国家忠诚，对人民负责任。为了让学生感悟到在当今世界什么样的人才是最受尊重

的，给学生正确的价值观引领，我决定让他们认识两个人：南丁格尔和特蕾莎修女。

我给学生介绍了《南丁格尔传》和《特蕾莎修女传》两本书，并让他们大量收集资料，读她们的传记，感悟高尚人格的魅力，引导学生做精神的"贵族"。

三、反思与建议

（1）此活动的更大意义是引导学生过有意义的生活。许多中国人很少会从教育中了解到什么是体面和有尊严的生活，往往把对生活的追求简化为对物质的追求。这样一来，就会对"追求物质""保有面子""追求权威"非常热衷。许多富裕起来的中国人，不重视精神世界的充实，对子女的教育往往只重视物质，甚至在个人修养方面给予了很多误导。所以，教师尤其是经济发达地区的教师，需要重视这个问题，引领学生追寻有意义的生活。

（2）这个活动从"贵族"这一概念切入，由于这一概念离学生较远，他们很少接触，认知存在偏差。此时，教师要以真实的故事为主要教育媒介，引发学生自己思考，这是一种很好、很有效的途径。

（3）核心素养中很重要的一项是国际理解，主要表现为个体对国际动态、多元文化、人类共同命运等的认知和关切。但小学生毕竟还很幼稚，对于许多外来的、表面的东西并不太了解，只因为新鲜好奇就急于追捧，这就要求教师及时帮助学生观察世界，了解不同的文化。最重要的是，在探索的过程中，帮助学生养成良好的品格。

17 "子推燕"中悟友情

一、设计缘起

那天，我在谢飞（化名）的桌子底下发现了一个纸团，打开一看，居然是一封绝交信："我决定与你绝交，再也不会理你了！"不但文字决绝，后面还画着一把菜刀，菜刀边还滴着两滴血。这么小的孩子，写出的字条却这么愤怒，甚至充满杀气。我立即去找谢飞了解情况。他说是因为自己玩《三国杀》时，没有照顾天天，后来天天输了，就生气了，给了他这张字条，宣布和他绝交。

这说明学生在遇到矛盾和挫败的时候，容易出现极端情绪，不会以合适的方式面对和化解。考虑到许多小学生身上都可能发生这种情况，如果不及时化解，容易影响他们成年后的人际交往，搞不好任其发展，还会对社会造成危害。我决定借这个机会，与学生一起探讨一下这个话题。

二、教学设计与实施

● 第一环节：品味、表演介子推的故事

清明节前，我给学生播放了动画片《介子推和晋文公的故事》，这也是清明节由来的传说故事之一，然后让学生思考晋文公为什么要设立"寒食节"，并尝试解读介子推的心理。放学后，我让学生回家给父母讲述这个故事，并与父母一起讨论。

这样做的目的，一是为了让故事沉淀在学生心里，二是为了锻炼学生的表达能力，三是可以促进学生与父母的交流。

● 第二环节：制作"子推燕"馍馍

清明节那天，我让学生在网上查阅"子推燕"馍馍的做法，并利用周末和父母一起体验，尝试制作。家长可以用手机记录、展示学生的制作过程，，在微信群中交流分享互相学习。

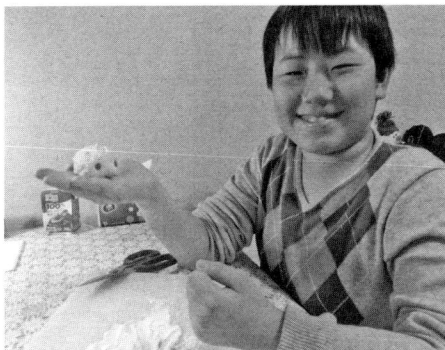

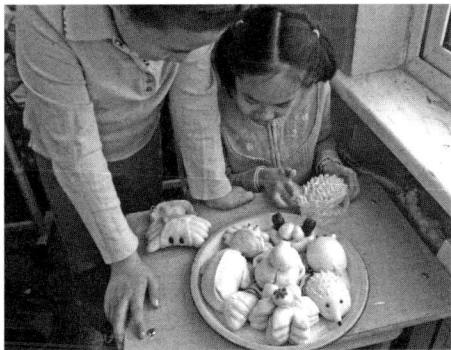

学生制作馍馍

学生对这项活动非常感兴趣，设计出许多样式独特的馍馍。最后，学生把自己做的"子推燕"馍馍拿到学校，全班同学相互品尝、分享，评选出最具特色的作品。

● 第三环节：表演介子推和晋文公的故事

设计这个活动的主要目的是，引导学生在角色扮演中感受人物的内心世界，学习从多角度思考问题。为此，我提出了表演要求：合情合理地设计人物的对话，符合人物的身份，表演时要自然，注意和同学的配合。每个组在表演和改编的剧情中，还要表达出自己的独特见解。

事实证明，学生给了我意想不到的精彩。他们对故事有自己的理解，有自己的想象，每个人编的台词都非常棒。

介子推的台词：

——大王，您并不了解我，我当时救您并不指望您回报我，只是因为我觉得您好，愿意辅佐您。后来我到山里生活，也不需要您来接我，因为我已经厌倦了当官，请您尊重我的意愿。

——每个人都有自己的性格，我的选择不会改变，请您过好自己的生活，管理好自己的国家，那才是您应该操心的事。

——您就是烧死我，我也不会像过去一样和您在一起了。您这样逼迫我，让我很失望，我们过去生死相依的友谊已经没有了。

——如果您还把我当作好朋友或者恩人，就不应该逼迫我做不喜欢的事，您已经拥有了一个国家，为什么还不放我自由？

晋文公的台词：

——我如此真诚地请你回去，都不能让你改变主意，看来我们相互的理解和信任已经荡然无存，看来友情一旦破裂是很难再恢复了。

——为什么同患难时我们能够彼此依靠，你生死不顾地帮助我，而一旦当了皇帝，我却容易丢了最珍贵的友谊。

——我原以为大火会把他逼出山来，让我们重新做朋友。原来我想错了，我已经不了解他了，反而送了他的命，真是追悔莫及！

——我以为自己是皇帝就可以放火逼他出山，可是结局却如此惨痛，我好后悔！应该多写信与他沟通，慢慢让他改变主意，不应该逼他走上绝路，看来是权力让我的心变得如此贪婪，不允许别人有自己的选择。

● 第四环节：讨论友谊

下面是师生的对话：

"你喜欢介子推吗？"

"喜欢，他很有骨气。"

"喜欢他对自己意志的坚持，不受强权压迫。"

"喜欢他对别人舍身相救的品质。"

"为什么晋文公没有再得到介子推？"

"因为他背信弃义。"

"因为他根本没有把介子推当作朋友，富贵了就忘了患难之交。"

"因为介子推已经看透了他，对他失望了。"

"可是晋文公已经向他认错啦？"

"友谊是珍贵的，也是易碎的，不珍惜很容易失去。"

"每个人的性格不一样，有的人会原谅朋友的错，但是不是所有的友情都可以通过道歉就能重新获得。"

"如果你是介子推，会采用什么办法？介子推和母亲的结局，可不可以更好？"

"我要是介子推，会主动与晋文公沟通，让他成全我回家奉养老母的孝心。我会用深情打动他，而不应该去死。"

"我不会带着母亲去死，因为即使自己要以死明志，也不能带上母亲，母亲的生命应该由她自己做主。"

"我觉得他们最大的问题是缺乏交流，许多事情主动交流，让对方了解，就不会陷入误解或者走入僵局。"

问答中，学生懂得了友谊的珍贵，绝不能随意就伤害两个人之间的友谊。当朋友之间出现误解时，应该积极沟通，用智慧去解决。

下课后，我把谢飞和天天叫到一起，让他们看了《小喜鹊和岩石山》的绘本故事。他们明白了友谊应建立在真诚的基础上，也在故事中感悟出了真诚的含义：小喜鹊不仅在生前不懈努力地为岩石山解除孤独，自己亲自做，还发动朋友来帮助岩石山，直到它死去还让孩子搬到岩石山居住，继续帮助岩石山。在这个故事中，他们又一次感悟到真诚的重要。真诚要建立在无私的基础上。他们很快就认识到了自己的错误，真诚地向对方道了歉，恢复了友谊。这个教育过程也让学生懂得了推己及人。

三、反思与建议

（1）把学生培养成身心健康的人，是教育的基本出发点。核心素养中的自主发展，强调学生要健康生活。如果不懂得朋友的真正内涵，不具备人际交往的基本能力，就难言身心健康。尤其是今天的学生以独生子女为主，容易以自我为中心，不懂得尊重他人，往往只知道索取，付出时也强迫他人必须接受。从小教育他们正确认识朋友的意义，掌握与朋友交往的基本原则，则显得格外重要。

（2）善于引用真实感人的历史故事，帮助学生形成健康的心理。中华民族历史悠久，有许多生动的历史故事。这些故事中，既蕴含着中国的传统文化，又可以给当代人以启迪。当然，在借用这些历史故事的时候，需要融入新时代的新理解，不能简单套用，而要活学活用。就像本活动一样，"朋友"的含义在今天和过去是有区别的。

（3）善于利用活动提升学生解决问题的能力。在本活动中，我没有就事论事，没有把教育止于解决朋友之间的矛盾，而是注意引导学生运用自己的智慧避免事情走向不可控的方向。事实证明，只要教师稍加引导，学生就能提出很多富有见解的方案。比如，有的学生说，如果自己是介子推，就会主动找晋文公沟通，避免把晋文公陷于不义之地。教会学生寻求解决问题的最佳方案，是培养学生冷静思考能力的一条途径，对学生的未来成长具有深远的影响。

18 动物饼干引发的生命教育

一、设计缘起

一天，我到西点房买早点，飘香的气味十分诱人，琳琅满目的糕点让人眼花缭乱。突然，我听到两个六七岁的小孩子说："我要吃小兔子。""我要吃小老虎。"说着，还做出吃兔子、吃老虎的得意样子。旁边的家长微笑着说："好，就买小老虎吃，还要不要再吃个小熊猫？"

出于对教育的敏感，我的心咯噔一下，想到了班级里发动物饼干奖品那天的情景。中午吃饭时，一个学生对另一个学生说："我得了一块猴子饼干，先吃哪里？先吃猴子的尾巴，再吃猴子的头，这是斩首行动，哈哈……"

我开始思索，这样不经意的行为将给学生带来怎样的暗示？我们一边要求学生热爱大自然，保护动物，一边把食品做成小动物的可爱形状，引诱他们吃。这是否有悖教育的原则？是不是对生命的漠视？

想到平日在学校常在各班看到小班长对学习差的学生有恃无恐地斥责，而班主任教师有时并不介意，更有甚者，往往沾沾自喜地炫耀自己培养的干部多有工作能力；再想到领奖时，教师常常挑选长相漂亮的学生与区领导和外来嘉宾合影留念；又想到很多教师理所当然地让学生做学校的"小勤杂工"，表情冷淡，对学生的帮助无一丝感谢的神色……这些生活细节，不就是对儿童美丽心灵的虐待吗？

这种问题必须重视！"尊重"的种子，必须从小播撒在学生的心田。

二、教学设计与实施

● 第一环节："开展蚂蚁'伟大'吗"研究活动

那天，我问学生最喜欢的动物是什么？他们果然说了许多——狮子、熊猫、斑马、老虎、猴子、鲸鱼等。一个个脸上流露出对大型威猛动物的喜爱之情。等他们说完了，我跟他们说："我最喜欢蚂蚁！不仅喜欢，而且崇敬蚂蚁！"学生立即露出惊讶之色。那表情分明是在说蚂蚁有什么好崇拜的，那么微小，那么不值一提……看到他们的确不了解蚂蚁，我留下了这样的周末作业：研究一下蚂蚁的"伟大"。

在学习单中，我让学生观察蚂蚁，上网了解蚂蚁的相关知识；在周末选择三个时间段观察蚂蚁；每次观察至少20分钟，记录下观察过程，总结观察结果。

● 第二环节：学生讨论调查报告

经过观察汇总，全班形成了如表2所示的调查报告。

表2　调查报告汇总

蚂蚁很无私	蚂蚁力气大	蚂蚁非常团结	蚂蚁会用触角说话	蚂蚁很勤劳	蚂蚁不贪吃	蚂蚁不怕困难
一见到吃的就去叫同伴	能托起比自己体重大很多的东西	一只拿不动，就大家一起拿	碰两下就明白	没日没夜地工作	有多好的东西也不会偷吃	不怕路途遥远
工蚁不传宗接代，只干活	能倒立着叼着东西走，非常神奇	合作时没有一只工蚁会偷懒	很快就能叫来一群蚂蚁	他们总是急匆匆地赶路寻找	总是大家一起把食物搬到家里	不怕中午的太阳晒
全班认为蚂蚁"伟大"的学生数量： 调查前两人，调查讨论后40人，达到89%。						

周一，学生带来了自己的调查结果，我请他们谈谈自己的发现，学生纷纷阐述自己的观点：

我过去总欺负蚂蚁，现在觉得自己做得不对，它们为了找一点儿食物要走很远的路，非常勤劳。

我看到蚂蚁会和同伴说话，会带领同伴一起搬东西，真想知道它们在说什么，太神奇了！我梦想以后当一个蚂蚁学博士，好好研究它们。

我觉得蚂蚁很聪明，它们遇到水洼会放下食物，先向左边转一转，再向右边转一转，看看哪边近一些、好通过，再驮起食物继续走。蚂蚁真是太聪明啦！

……

学生的发言中，洋溢着对蚂蚁的赞扬。

我问学生："一只小蚂蚁都如此令人可敬，你们说其他动物值不值得我们尊重？"学生点头表示赞同。我说："今天每个人都说一说自己关爱小动物的事，也可以对过去自己不够尊重小动物的事道歉。"

学生都认真回忆起来，许多人说了自己爱护小动物的事，也有人说了自己欺负小动物的事，并表示真诚道歉。

在学生情绪都比较高涨时，我声情并茂地对学生说了一段话："孩子们，你们觉得饼干做成动物的形状好吗？不知道为什么，看到你们一口一口地咬动物形状的饼干，我心里总是紧紧的。那么可爱的小动物，在你们的啃食下，没了头，没了胳膊，没了身子，没了脚，我看着不舒服。"

学生被我的真情打动，纷纷说道："我们以后拒绝买动物饼干，只买圆形、方形那样的饼干吃。""不仅是动物形状的饼干，我们拒绝一切动物形状的食物。"……

● 第三环节：爱护小动物宣传展览

我要求每个学生找出最值得自己尊重的小动物，夸一夸它的优点，或者说一说它的与众不同，并设计一张小报，小报中有自己选中的可爱小动物的照片，并描述它们的可爱或与众不同之处，说一说它们的哪些方面值得自己尊重。

随后，我们将小报进行了展览。在展览的过程中，许多学生看到别人的发现很好奇，相互交流学习，对动物也就更加了解，更加尊重了。

三、反思与建议

（1）对生命的热爱，是一个人最基本的特质。尊重生命，热爱生命，这样的句子在我们的教育文本中并不少见，但是如果仅止于书中的文字或者口头的标语，是很难走进儿童的心里的。对于低年龄的学生，教师有必要设计一些生动有趣的活动，让他们切身地与其他生命打交道，感悟生命的奥妙和珍贵，从而珍视所有生命。

（2）身心健康发展，是教育追求的重要目的。从上面的活动中，我想指出的是：教师要善于从极其细微处寻找契机，善于发现不健康的"点"，及时、巧妙地更正学生的一些错误认识。如果我们对这些细微的点，视而不见，我们就只是教育的围观者。只有重视了，积极引导了，我们才是教育的参与者，而教师的使命正在于此。

19 妈妈要生二胎了

一、设计缘起

国家全面放开计划生育政策，有的家长想要生二胎，班级中许多学生对此有看法。下面是学生的一次对话：

"妈妈问给我生个小弟弟，好不好？"

"你想要小弟弟吗？"

"我可不想要！"

"为什么？"

"我在奶奶家原来很受宠，一去奶奶家，他们就把所有的好吃的都给我，大家都爱我。可是，自从小叔叔生了小弟弟，再去奶奶家时，他们都逗弄小弟弟，还说小弟弟不爱哭，我小的时候认生，爱哭，多讨厌！"

"那你妈妈要是真的要了小弟弟呢？"

"反正我不同意！"

"你爸爸妈妈又不会听你的？"

"真的生了小弟弟，我就把他掐死！"

……

偶尔听到这些谈话，我惊愕了！想到自己小时候和姐姐在一起生活，虽然会有小打小闹，可从来没有这样的"深仇大恨"。这代孩子真的不一样，过于被关注、宠爱，很容易使他们产生自私、狭隘的心理。

作为教师，应该及时引导学生，让他们懂得珍爱亲人、珍爱生命，懂得分享。

二、教学设计与实施

● 第一环节：采访学生对二胎的看法

我给学生下发了采访任务单，让他们通过采访，了解更多人对二胎的想法。采访后，在班里总结发言。

表3　对爸爸妈妈生二胎看法采访表

学生姓名：

采访对象：	爸爸想要二胎的原因		他们的孩子对此的想法	
	妈妈想要二胎的原因			
自己在采访中懂得了什么			对父母生二胎是否赞成	

以下是学生的发言记录：

我调查到邻居阿姨要第二个孩子，是因为觉得一个孩子太孤单，将来父母不在身边了，一个孩子没有照应，她希望自己的孩子能有个兄弟姐妹，这样相互之间有依靠。

我调查了小姨，她说小姨夫喜欢孩子，愿意生三四个孩子，这样的家才像个家。

我调查了爸爸，他说想要第二个孩子，是因为他小时候觉得有个弟弟很亲，童年很快乐，也希望自己的孩子能感受到这份亲情。

我调查的是爸爸的同事，他说一个孩子容易被宠坏，不符合人的成长规律，在一个家庭中应该多几个孩子，在成长的过程中才会自然而然地懂得关心、帮助、谦让、友好相处，对孩子的心理健康成长才有帮助。

我带着全班学生综合了所有的答案，归类后发现：原来父母要二胎不是自私，而是为了自己的健康成长。

活动前后，学生对二胎的态度发生了变化。具体变化可见下图。

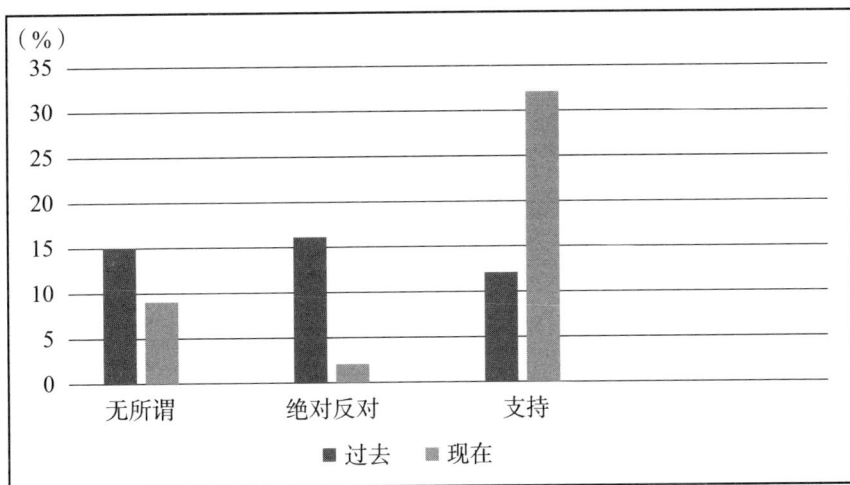

对父母生二胎态度的调查

我问学生有什么感悟，学生说："从来没想到父母要二胎，其实是为了我，我过去只怕二胎会抢走父母对我的爱。""我过去有点自私，不应该那么反对爸爸妈妈要二胎，还对他们大喊大叫，真是太不对了。其实，有了小弟弟也许会很好。""妈妈上次跟我商量要个小弟弟或者小妹妹，我还以绝食相威胁，现在我明白他们的心意了。我今天回去就要求妈妈也给我生个小妹妹，我来帮助她把妹妹带大。"

听到这些发言，我觉得学生知道了父母的善良初衷，但是要让学生真正懂得花心思去关爱他人，还需要继续培养，让他们能在体验中感受快乐。

● 第二环节：懂得博爱

我问学生，有的家长会生二胎，但是有的家长因为身体或工作原因，没有机会和精力再生二胎，是不是我们就没机会有小弟弟或小妹妹了？

学生面面相觑，一个学生说："我有表妹。"另一个学生说："我的爸爸妈妈都是独生子，我没有任何表弟表妹！"还有的学生遗憾地说："我妈妈说她生我的时候非常危险，她已经不能再生孩子了，所以即使我想要弟弟、妹妹也不可能了。"

我微笑着说："想一想，其实我们可以关心许多弟弟、妹妹，他们就在我们身边，天天和我们在一起。"

聪明的学生马上就想到了低年级小学生。

配上柔情的音乐，我回放了我们班学生六年前第一天上学时由六年级大哥哥大姐姐领进校园认班级、领进操场参加开学典礼的照片，又请学生讲述了当时的情景：

我可害怕了，妈妈说在校门外劝了我半个多小时呢，后来还是六年级的一位大姐姐把我拉进来的。

拉我进来的六年级大姐姐还为我背书包，她说这样我可以轻松一些。

我当时是被一位六年级的大哥哥领进校园的，他问我爱不爱踢足球，还说课间可以到操场来，他教我踢足球，我一下子就不害怕了。

我是被一位大哥哥领进校园的，他先让我认清楚厕所，叮嘱我别尿裤子。我记得可清楚了，他笑起来很特别，眼睛弯弯的。

……

回忆着当时的情景，学生一下子就兴奋了起来，一片热烈的气氛。

我问："这些帮助过、关心过你们的学长学姐已经上高中了，你们能不能也用自己的方式去表达对小学弟、小学妹的关心呢？"

最后，经过多轮讨论，全班决定为低年级的弟弟妹妹制作"六一儿童节"的礼物。

● 第三环节：给低年级的弟弟、妹妹送礼物

因为班里在开展传统文化的班本课程，所以大家精心挑选二十四节气的

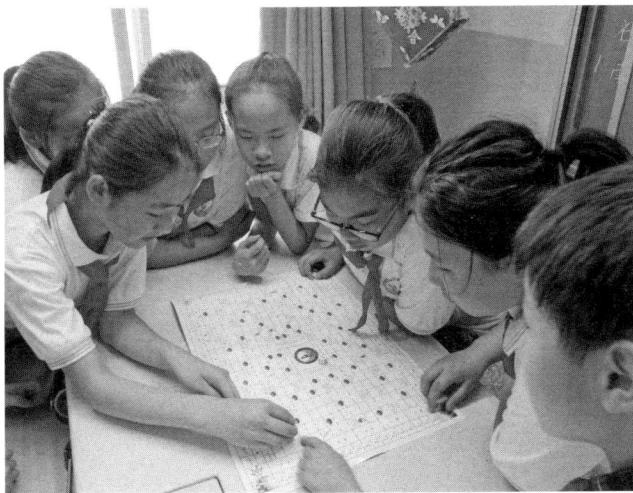

学生在设计修改二十四节气的棋盘

知识，专门设计制作了二十四节气的棋盘。为了适合低年级学生玩，全班学生先试着玩，再提出改进建议，真是用心良苦。

节日那天，学校向全校广播了这个好消息，同学们热情洋溢地去赠送礼物。回来后，我让学生谈感受，他们说：

我一说给他们送"六一儿童节"的礼物，全班同学就说谢谢大哥哥，我很开心。

我去的那个班老师真好，她请我和全班同学合影。我觉得自己像明星一样，被小弟弟、小妹妹们围着。

我问同学们这份快乐是怎样得来的，他们说是用自己真诚的付出获得的。他们感到有个比自己小的弟弟、妹妹并不是一件坏事儿，可以让自己的生活更丰富，更有意义。

三、反思与建议

（1）小学阶段是学生身心健康形成的关键期。妈妈要生二胎，是今天许多小学生需要面对的现实。二胎的到来，意味着家庭结构的变化，也是对家中老大的巨大考验。处理不好，有可能带来身心的不健康。作为小学教师，有必要针对这一生活的变化对学生的心态进行调整。

（2）此类活动需要唤醒学生的责任感。活动中，回忆当初入学情景时配以温情的音乐，唤醒学生心中最温暖的记忆，是本次活动一个很大的亮点。我在活动中让学生回顾自己一年级时的经历，巧妙地激起他们希望帮助小学弟、小学妹的愿望。尤其在分享其他班教师对他们的赞赏和感谢时，学生的心中充溢的是幸福感，责任感也就极其自然地形成了。

20 失窃新解

一、设计缘起

刚接手一个新班时，前任班主任叮嘱我说："你可小心明明（化名）这孩子，他总偷东西。"果然，没过两天，明明就拿了另一个孩子的铅笔盒。

为了保护他的自尊，我把明明叫到一间没有人的教室，先让他坐下，然后问："为什么拿小刚（化名）的铅笔盒？"

他低着头不说话。我等了一会儿，平静地说："我知道你并不想要这个铅笔盒，否则你不会把它扔到垃圾箱里。这里面一定是有原因的，而且我相信你的原因可能会很有道理……"他听到这里，抬起头露出认同我的话的表情。于是，我笑了笑，说："告诉我原因，我来帮助你……"

他说："我就看不惯他，因为家里有钱，每次买来各种名牌，在我面前显摆，有什么了不起，他自己的学习都不好。我讨厌他。"

原来如此。我说："我也讨厌只靠父母的钱财在别人面前显摆的人，不仅你讨厌这样的人，每个人都会讨厌这样的人。"

他立即点点头说："没错！好几个同学都说过很烦他。"

我拍拍他的肩膀说："你很有正义感，也追求公平，这都是好事！可是我不明白，为什么只有你扔他的铅笔盒，别人也讨厌他，怎么没扔呢？"

他想了半天，说："他们胆小，他们害怕！"

我追问："害怕什么？"

"害怕被人知道，告诉老师。"

我极其认真地端正他的肩膀，让他看着我的眼睛，缓慢而清晰地说："你知道吗？他们不是害怕老师，而是害怕法律。每个人对自己的东西都有所有权，别人无权处理和占有，这是违法的。"

他有点儿惊讶地看着我，我拉着他的手说："孩子，有正义感是好事，但要区分你的行为是来自对他的炫耀的不满，还是来自自己内心的嫉妒？这很重要！如果仅仅是对他的态度的不满，你可以像别人一样，不去理他，或者真诚地劝告他，他这样炫耀的语气你并不喜欢，要善于沟通。这样也许还能帮助同学改掉爱炫耀的毛病，自己也做得光明磊落。如果是内心嫉妒，看到别人比自己强就不高兴，这就是你自己的问题啦！说明你需要改变自己的狭隘。别人比自己强，而能坦然地接受，真诚地祝福别人，这是一种修养，是堂堂正正的男子汉。"

他点点头，保证以后再也不拿别人的东西了。我们拉钩表示决心。

可是好景不长，没过半个月，他课间趁英语外教老师不注意，又拿了外教老师放在讲台桌上的奖品——棒棒糖。外教老师很生气，一定要当场查出是谁。我看到明明低下头，心里有数了。为了保护他的自尊，我费力地劝说外教老师等我来解决。我想，绝不能让孩子当场出丑，因为他们已经是四年级的学生了，当众被查出来，可能会一辈子都抬不起头来。

二、教学设计与实施

● 第一环节：请你悄悄还回来

思来想去，我决定保护学生的自尊，于是让全班学生排队站到门外。我诚恳地说："现在教室里没有人，我会逐一把你们放进教室里。如果是你拿了老师的奖品，请你放在讲台上；如果不是你拿的，就请站在教室里，在心里数够 20 个数再出来。我不愿意伤害任何一个人，因为做人是要有尊严的！我爱惜你们的名声，希望做错事的学生珍惜这唯一的机会，早些醒悟，不要把事情弄大。"

然后，我逐一把学生放进教室，全班学生一个个沉默地进去，又沉默地出来。我知道这对那位学生来说是一次难忘的教育过程，他会感受到我对他的呵护，同学对他的友善。最后，全班同学都走进教室时，外教老师在讲台上真的找到了奖品。他冲我笑了，那笑容是一份赞许。

我说："犯了错不可怕，改了就是好样的，让我们为这位学生鼓鼓掌。"掌声过后，我说："没拿奖品的学生，也谢谢你们！你们帮助保护了这位同学的尊严，用善良呵护了这位同学，也给这位同学上了生动的一课，更主要的是，你们给了他集体的温暖。"

"同时，我也严肃地提醒那名拿了奖品的学生，不是每一次都会有这么优秀的同学原谅你，今天给你机会，要懂得珍惜，赶快改正错误。如果执迷不悟，下次大家就不一定给你机会了。"

● 第二环节：唤醒自尊

放学后，我找到明明，他低头承认是他干的。我没说什么，给他讲述了一个曾经让我感动的故事：

那是在钱很紧张，粮票、布票很稀缺的年代，他家境贫寒，只能捡姐姐的旧裤子穿，可是当时男孩穿一条侧面开口的裤子是要被人嘲笑的。于是，他每次上厕所都紧紧地捂着，后来干脆瞄准机会偷偷上老师专用的带门的厕所，结果被高老师撞见了。高老师弄明白原因后，就让他回去上课了。过了几天，班上的文艺委员悄悄地向他请求，能不能用一条男裤换他的女裤，这可把他乐坏了。能帮助同学又能摆脱尴尬，真是两全其美。第二年，他才知道文艺委员是高老师的女儿。他恍然大悟，心中感激，至今还留着那条换来的裤子。

讲完后，我对明明说："作为老师，我愿意永远帮助你，但是靠我一个人帮助你，能成就你吗？"

他不说话。

"老师再有爱心，你内心如果没有改变的愿望，我的爱心、同学的爱心都是无用的。我很为你伤心！"

他抬起眼看看，小声说："您别伤心了，我改。"

我说："我珍惜你的尊严，知道要帮助你保护隐私，但我不会一辈子跟着你、陪着你、保护你，也不能总帮你。"

然后，我把事先打印好的我国《宪法》中关于偷盗的条文和《少年忏悔录》中的故事给他看，我要让他知道后果的严重。他仔细看完后，低下了头。

我动情地说："你不知道当别人用鄙视的眼神看你时，我的心像被插了刀子一样痛！"他默默地坐着，头垂得更低了。

我期盼地对他说："希望你能坚强些，下次再看到想要的东西，控制住自己。实在想拿时，就在心里念叨：林老师！林老师！看看这样提醒自己，是否能够有用，好不好？"

他的眼圈红了，眼泪滚落下来。

● 第三环节：集体教育

为了让全班学生都能接受教育，我对他们进行了法律常识的普及，集体阅读了青少年犯罪应承担的法律责任条文，观看了一些案例视频。

之后，我又让学生看了劳改犯王兵因偷窃逃亡11年，最终被捕后写的情真意切的忏悔书，并展开讨论。以下是学生的部分发言：

小偷可能并不是真的非常坏的人，但是一时贪心就会造成无法弥补的后果。纵使再优秀，也可能一辈子无法让别人尊重自己了。

我觉得小偷的错误源于懒惰，应该从小要求自己成为勤劳善良的人，不贪图奢侈，勤俭生活，就不太会成为小偷。

偷东西的人，小时候大多有这样的习惯，长大了才会犯错。应该从小严格要求自己，不是自己的东西绝不可以拿。

做坏事是因为没有责任感，多想一想不让父母担心，不让家人难过，就不会做犯罪的事。

……

在学生讨论之后，我告诉他们应当注意两点：第一，当自己的愿望不能得到满足时，要寻求合法途径实现，如直接请求别人的帮助，向父母说清要求，和好友共同讨论等，实现心理平衡。第二，发挥自己的兴趣、爱好，从各种活动中获得成就感，可以有效地防止用盗窃行为来满足虚荣心。

后来，明明还犯过几次不同的错误。每次我都耐心真诚地与他交流，不离不弃。他拿别人东西的情况逐渐减少，到了六年级，基本上没有再犯。回想这一历时三年的漫长教育过程，虽然很艰辛，但我也很欣慰，由衷地为他高兴。

三、反思与建议

（1）马克斯·范梅南在《教学机智——教育智慧的意蕴》中说：机智是"智慧的化身"。它是不可以事先计划的，是教师在长期的教学工作中不断总结、反思教学活动形成的一种教学修养，是教师的人生阅历、文化修养、个人学识长期积累后自然形成的，是一门教学的艺术。我觉得这很有道理。许多教师在遇到学生偷东西时很容易生气，面对这些学生，总是很纠结，这时就需要教学机智。学生的成长有许多影响因素，教师要观察、理解，并调动经验储备采取最合适的方式解决问题。

（2）教育工作必须以爱护为先导，尤其对问题学生。我国近代教育家夏丏尊说："教育之没有情感，没有爱，如同池塘没有水一样。没有水，就不称其为池塘，没有爱就没有教育。"因此，教师要关心和爱护每一个学生。当知道学生的秘密时，应该像保护自己的隐私一样，去帮助学生保护秘密。这一想法为我后来解决此类问题提供了很大帮助。相反，如果教师不去小心呵护，学生心中的隐私又像一颗原子弹，一旦引爆，就会造成巨大的危害。

（3）教师要认识到学生犯错误是正常的。我们都有犯错误的时候，合理情绪疗法的创立者、美国心理学家埃利斯曾讲道：人既是理性的，又是非理性的；当人按照理性思考行动时就会愉快，反之就会痛苦。学生的偷窃行为就是按照非理性去思维、去行动，他们即使获得了不正当的财物，也不会心安理得，反而会产生担心、痛苦的心理。错后总是期望别人的原谅，孩子更是这样。教师要做的是与被怀疑的学生建立良好的关系，让他们知道自己在替他们担心，告诉他们将来的后果有多么严重，并提供一些方法避免再次犯错。

21 网迷醒醒吧

一、设计缘起

那年，我接了五年级。班里的刘禹（化名）自由散漫，懒惰古怪，缺乏兴趣和求知欲，经常不能集中精力听课，不能认真完成作业，导致学习成绩也不太好。

经过多方调查，我终于找到了问题的根源——他的家庭环境比较特殊，家境富有，父亲做生意忙，他由多名保姆带大。父母比较溺爱他。从与他母亲的谈话中了解到，他从小调皮好动，思维灵活，但经常说谎，学习态度不端正，怕苦畏难，缺乏进取心，贪玩，难以自控，且因长期无人看管，学习成绩不理想，行为习惯不佳。后来，他迷恋上了电脑游戏，整天沉迷其中，不能自拔。

经过深入了解，我认识到家长自己虽然很出色，但对孩子并不满意。在处理孩子的问题上，显得不够冷静，平时溺爱，但看到不满意的期末成绩时就讽刺挖苦，指责训斥。这种不恰当的教育方式和态度，造成刘禹的心理不太健康，加上常常受到教师的批评、同学的反感，便产生了逃避现实的心态，经常说谎，迷恋网络游戏。

在长时间、多方面的了解中，我知道刘禹小时候钢琴弹得很好，这让我的内心一阵惊喜。于是，就和他妈妈约定，从唤醒他的自尊心开始，引导他找回自信。

在一个群体中，存在问题学生具有普遍性，教师要积极面对，分析问题的成因、学生的心理特征，寻找教育策略，使他们正确认识自我，克服自卑心理和消极情绪。在这一艰难的过程中，教师应该成为刘禹的可靠"战友"。

二、教学设计与实施

● 第一环节：建立信任

我坚信，正常的人都是可以改变的。我开始格外关注刘禹，并提醒自己，要尊重他的人格，用平等、关心的方式对待他，不厌恶歧视，不当众揭丑，不粗暴训斥，不冷嘲热讽，更不要期盼他会瞬间变好，因为这不符合人的成长规律，要允许学生有反复，从内心做好持久战的准备。

于是，我每天细心观察刘禹的每个细节行为，一旦发现其优点，就及时鼓励他、赞赏他。比如，课间看到前面同学快步走过其他同学的桌子，不小心碰歪了桌子时，他会顺手帮同学把桌椅摆正；在其他同学因考试不好哭泣时，他会主动过去安慰；在和同学玩游戏时，看到别人赢了，他会自然地微笑。如此等等，我都会记在心里，并在全班同学面前，由衷地赞美他。

有几次，他都很惊讶，那眼神分明在说：这点儿小事，老师怎么都知道？这么小的事，老师居然很重视！每每在此时，我都会回以诚挚的眼神，表示对他的认可。

渐渐地，刘禹认可了我，觉得我是一个理解他的人，跟我说话的态度也变得亲近了。我趁热打铁，经常在课间和他聊天，渐渐地明白了他沉迷于游戏的原因。

● 第二环节：认清网络游戏

我知道刘禹的爸爸与清华大学有合资项目，就请他的爸爸帮忙请一位程序设计专业的大学生，帮助我设计一个小游戏。对这个小游戏，我提出的要求是：在和刘禹玩的过程中，让他永远输。

于是，那个大学生设计了一款很简单的游戏，只用左右键和上下键，但刘禹在玩的时候，永远输。被虐得实在愤怒时，他气得面红耳赤，不服输地问："怎么回事？我永远比你慢吗？我的手很快的！在网上和许多人玩都能赢！"

那位大学生冷静地说："我让你看一看底牌。"于是，他展示了游戏的底层代码，并把参数告诉了刘禹。原来，程序设置里，刘禹是负50，大学生是0，所以无论刘禹动作怎样快，永远都会失败。

刘禹知道这些后，呆呆地思考了很久。我知道他在回忆过去，他需要面对现实的时间。

我不失时机地问他："你还相信游戏是公平的吗？游戏是人为设计的，今天你站在高处看清了游戏的本质，还会花大把的时间与游戏一决高低吗？"

刘禹思考了一阵，觉得自己过去上当了。我说，很多人和你一样上当了，但是许多没上当的人可能也不知道底层参数的事，而是他们知道生命重要，知道宝贵的生命不能消耗在这些虚拟的世界中。

刘禹是个聪明的孩子。那天，他沉静了许久，我知道他需要一段时间思考。

几天后，我跟他聊天："游戏设计者为什么精心设计关卡？"

他说："为了让我们玩得高兴。"

我说："他们为什么不直接给你武器或礼物，非要让你玩上多长时间才给？他们就是为了挣钱，吸引你一直玩，一直升级，并购买武器，他们好从中渔利。你网上购买武器花了多少钱？"

他想了想，说："一万多块吧。"

我再问："那你得到了什么？我知道你的眼睛近视了，作业完不成，个子今年长得也很少，原来在班里是中等个，现在成矮的了，跑步400米都坚持不下来。"

我打开一个网站，让他看了一个青年在网吧玩游戏时死去的消息。他静静地不说话。我说："游戏可以玩，我和家长也希望你快乐生活，掌握正确的计算机使用方法，但要控制一下时间，比如每天玩半小时，这对保护你的眼睛已是极限了。"

接着我掏出一个可爱的卡通计时器，认真地对他说："拧到半小时计时，到时间它会响，就像老师在叫你停下来，好吗？这样你玩游戏时，就不会让游戏控制你，可以有时间参加户外运动了。"

当天，我跟刘禹的妈妈沟通，要每天让他到户外和小伙伴运动。他的妈妈很支持，特意给他报了乒乓球班。

这样还不够，我又在班级中开展了"计算机给我们带来了什么"的讨论活动。在活动中，学生们认识到：社会离不开计算机，但我们不能被计算机控制，要智慧地利用它来丰富自己的生活，绝对不能让它控制我们的生活。

● 第三环节：唤醒自信

元旦时，大家都要表演节目。刘禹忽然说："我想给大家弹奏一曲钢琴曲。"所有的学生都有些吃惊，不相信边缘化很久的他，还会弹高雅的钢琴。许多学生眼中，流露出不信任的神情。

我认为这是个很好的机会，于是立即派学校乐队的学生去找音乐老师要来钥匙，带领全班学生去排练厅，请刘禹为大家弹奏一曲。学生们听到他十分投入弹奏出的优美乐曲时，都被震惊了，不住地为他鼓掌。

回到班里，我因势利导，对大家说："你们听后，有什么感受？"

学生有的说很惊讶，有的赞美说很好听。我问："有谁过去知道他会弹钢琴？"只有一个学生举手说知道。

我说："他弹得这么好，却从未向任何人炫耀过，你们想到了什么？"

学生说："他很谦虚！"

我充满歉意地拍拍刘禹的肩膀说："我和你相处了半年，却不知道你会弹琴，而且弹得那么好！老师在这一点上太疏忽了，对不住你。今天我也从你身上学到了谦逊、不张扬的优点。我很欣赏你！"

这番真诚的告白，让他大吃一惊。他惊讶地看着我，明亮的大眼睛里有一丝感动，有一丝疑惑，还有一丝自豪。他不知道说什么，但我知道这真挚的话语，使他感受到了老师的信任、关爱、尊重和期待。我趁势引导所有学生要向他学习，学习他的谦虚，使他感受到了班级生活中的温暖。

后来，我在设计班级活动时，多为他考虑，搭设平台，让他和同学有了很多良好的互动，他不断地感受到了班级中的快乐。他跟小伙伴玩得多了，对网络游戏的依赖也减轻了，还主动邀请同学周末一起写作业、一起玩。他的妈妈看到他的变化，非常高兴。

三、反思与建议

（1）教师要善于根据具体情况创新性地解决问题。针对刘禹这种聪明但懒惰、逃避现实而迷恋游戏的学生，应以赏识教育开启他的心扉，从肯定小成绩、小进步入手，让他品尝到赞许、表扬带来的快乐，从而树立起自信心。由于这类学生更易与教师或家长形成对抗性逆反心理，所以保护他们的自尊心是重要前提。此外，还要用真实的网络知识让他们清醒、警醒，产生抵抗力。

（2）一定要和家长配合好，主动沟通教育理念，在教育策略上保持一致。对于这类学生，教师要更多地关注家长问题，及时了解、掌握学生和家长的内心世界和行为表现，进行有针对性的引导，注重与家长的相互理解和情感沟通。另外，善于借助家长的力量，帮助解决学生的问题，因为家长资源有时是非常宝贵的。

22 阅读破解抑郁

一、设计缘起

班里有一个女生叫森森（化名），性格内向，很喜欢读书，安静得让人感觉不到她的存在。她父母是知识分子，对孩子的培养从小就抓得很紧。她从不影响纪律，学习成绩优秀，家长很满意。但是我却常常在她的眼中看到一丝惆怅，很莫名的感觉。我很奇怪，她在那么温馨的氛围中成长，怎会这么忧郁呢？

后来在一次家长会上，我找到了答案。在家长会上，我设计了一个小游戏。当我向家长问完问题后，她的妈妈举起手后又缩回，迟疑、反复两次后，选择了低低地举在胸前不动。我顿时明白了。她妈妈属于完美主义人格，可能把这也遗传给了女儿森森。

第二天，我和森森聊起了她看的书。真没想到，她居然看郭敬明的书。聊天中，我还发现她在我要求做读书笔记的本子上摘抄了许多郭敬明书中的名言：

你给我一滴眼泪，我就看到了你心中全部的海洋。

在这个忧伤而明媚的三月，我从我单薄的青春里打马而过，穿过紫堇，穿过木棉，穿过时隐时现的悲喜和无常。

你笑一次，我就可以高兴好几天；可看你哭一次，我就难过了好几年。

寂寞的人总是记住生命中出现的每一个人，正如我总是意犹未尽地想起你！在每个星光陨落的晚上，一遍一遍数我的寂寞。

......

看到这些句子，我明白了她的惆怅来自哪里。她的性格让她喜欢郭敬明的文风，反过来郭敬明的文风又助长了她的忧郁。令我担心的是，郭敬明的作品中似乎总会有些阴暗，总是毁灭别人，也毁灭自己。这对森森来说，过于"负能量"了。

为了确定自己的猜测，我问她："我猜你一定也喜欢纳兰容若的词？"她惊喜地说："对呀，纳兰的词写得特别好，还有李煜的诗词我也很喜欢，他们的语言优美感人。"

天哪！一个 12 岁的女孩子，就这样在阅读中不断地培养自己的抑郁吗？这些文章、诗词的确美，但是总读这一类文字，人心里的"负能量"会不会太多？更何况她正处在通过阅读汲取知识的大好年纪，正处在通过阅读了解人生的成长期。我必须帮她丰富阅读内容，培养积极乐观的生活态度。

二、教学设计与实施

● 第一环节：介绍四种人格的特征

我先给学生讲了两种按照气质类型分类的流行说法，让他们根据自己的性格表现，确定性格类型，再进一步引导学生认识自己。

第一种

胆汁质：相当于神经活动强而不均衡型。这种气质的人兴奋性很高，脾气暴躁，性情直率，精力旺盛，能以很高的热情埋头事业，兴奋时决心克服一切困难，精力耗尽时情绪又一落千丈。

多血质：相当于神经活动强而均衡的灵活型。这种气质的人热情，有能力，适应性强，喜欢交际，精神愉快，机智灵活，注意力易转移，情绪易改变，办事重兴趣，富于幻想，不愿做耐心细致的工作。

黏液质：相当于神经活动强而均衡的安静型。这种气质的人平静，善于克制忍让，生活有规律，不为无关的事情分心，埋头苦干，有耐久力，态度持重，不卑不亢，不爱空谈，严肃认真；但不够灵活，注意力不易转移，因循守旧，对事业缺乏热情。

抑郁质：相当于神经活动弱型，兴奋和抑郁过程都弱。这种气质的人沉静，深含，易相处，人缘好，办事稳妥可靠，做事坚定，能克服困难；但比较敏感，易受挫折，孤僻，寡断，疲劳不容易恢复，反应缓慢，不图进取。

第二种

活泼型：情感外露，热情奔放，懂得把工作变成乐趣，乐于与人交往。能够从任何事情中发掘出兴奋，既外向，又乐观、幽默、热情和精力十足，令人愉快。

完美型：文静，随和，喜欢独处，是个思想家。他们对待目标严肃认真，强调做事情先后和组织，崇尚美感和才智，会为生活做长远且最好的安排。如果这世界少了完美型的人，我们会少了文学、哲学和音乐；可能少了很多工程师、发明家、科学家。完美型的人是人类的灵魂、智慧、精神、核心。

力量型：永远充满动力，充满理想，勇于攀登顶峰，总是对准目标前进。当活泼型的人在说话，完美型的人在思考时，力量型的人会进取。这类人的脾气最容易懂，并且是最好相处的。由于力量型的人多是目标主导型，他们大多数具备成为有影响力的领导的潜质。

和平型：提供了稳定和平衡。和平型缓和色彩斑斓的活泼型，拒绝过分欣赏力量型的优秀决定，对完美型的复杂计划也不过分认真。和平型的人是我们中间伟大的促进平等者。他告诉我们："这没有什么了不起。"

● 第二环节：在游戏测试中了解自己

游戏一

从前有四个死刑犯，分别是这四种性格的。临刑的那一天，断头台突然坏掉了。

第一个人说："太好喽，不用死了，大家明天开个 party 庆祝一下！"这个是活泼型。

第二个人说："我要研究一下这个断头台是哪里坏了。"这个是完美型。

第三个人说："我早就跟你说过我没罪！"这个是力量型的。

第四个人说："大家都没事了。"这个是和平型的。

根据上面四个人的特征出示以下情境，让学生做出推断。

情境设计：有栋住房起火了。

（　　）型的人会思考：是什么原因导致起火了，是电线短路还是厨房着火？

（　　）型的人会行动：关掉电闸，找到灭火器，马上去灭火！

（　　）型的人会大叫：楼上楼下大叫，不得了啦，起火了！

（　　）型的人会旁观：反正有人会报警，消防队马上会到，不用那么急吧。

游戏二

我先举例说明《西游记》中的四个主要人物对应的四种性格，请学生尝试对应。

唐僧师徒四人正是代表了这四种性格：

唐僧——完美型，细致、敏感、悲观；

悟空——力量型，坚定、果断、自负；

八戒——活泼型，活泼、热情、多变；

沙僧——和平型，平稳、随和、寡言。

我问学生："你喜欢哪一种性格？不喜欢哪一种性格？为什么？"学生在这样的游戏中认识到，每种类型的人都有优点，也都有缺点。

在交流中，我让学生明白了《西游记》这四个主要人物组成了一个西天取经的精英团队，最后取经成功，全部修得正果。其中，每个人都有贡献：唐僧让这个团队变得正规；悟空让这个团队变得灵活；八戒让这个团队变得快乐；沙僧让这个团队变得冷静。

● 第三环节：调整自己

在这个环节中，我让学生结合自己读过的书中的人物，猜想其气质类型，并说一说原因。学生说：金庸小说里的郭靖是典型的和平完美型，平时有点儿笨拙，对黄蓉顺从；周伯通是活泼型，黄药师大概是完美力量型；韦小宝肯定是超级活泼型，也有点儿像力量型；令狐冲也是一个活泼力量型；林黛玉是抑郁质的，总是泪水涟涟，导致早逝。

学生发言后，我引导他们进一步认识，性格类型不是唯一的，也不是一成不变的，是可以调节转换的。并让他们思考，如果你是林黛玉身边的好朋友，打算怎样帮助她？学生认真讨论，出了很多好主意：拉着她多参加各种体育锻炼，不能总是自己在家哭；多给她讲一些风趣故事，让她开心，或者带她看《今晚80后脱口秀》；也可以看看郭德纲的相声；我觉得要让她知道大家都喜欢她，她并不是孤儿，没有人疼；我觉得应该多让她看一些阳光励志的书，比如《假如给我三天光明》，不要总是看伤心的诗词……

我说："没错，每个人知道自己的气质类型，知道自己的缺点了，就要积极调整。现在每个人针对自己的缺点，想一想应该怎样改变，让自己更快乐，更积极向上。"

我看到学生在纸上写出了一些提醒自己的话。森森写的是："我要多看一些令我心情快乐、激励我奋进的书。"

下课后，我和森森交流。我说："我今天和你谈话不是批评你，状态无对错之分，但你的确实令我担心，你要多看些阳光、奋进的书……"

她说："是啊，课上大家说的话，我也想了。"

我说："我猜你喜欢郭敬明的小说，是因为它语言优美、辞藻华丽，读起来很有文学的美感。对吗？"

她平静地说："没错。"

我说："建议你读一读辛夷坞的小说，不仅具有优美的文笔，还有温暖的青春。读后心里很灿烂，像躺在沙滩上晒太阳。"

她说："真的？太好了。还有吗？再推荐一下。"

我看到这个"小书迷"这么喜欢阅读，真是高兴。我知道，她的文学素养比一般学生高，于是又推荐了木心先生的作品。

她认真地记下，我在心里为她祝愿，但愿她能在文学作品中让自己变得更乐观、更积极，让那些优秀的书籍感染她，不要沉迷于阴郁中。

后来，我看到淼淼看了《原来你还在这里》，感慨现在的学生发育得真早。当年我 12 岁的时候还在爬墙上树呢，时代真的不一样了，教师的教育理念也要时时保持新鲜……

又过了些日子，我很高兴地在淼淼的读书笔记中看到了木心和林徽因的名句：

> 你是真葡萄树，
> 我将是你的枝子，
> 结果甸甸累累，
> 荣耀全归于你。
> 是谁笑得好花儿开了一朵？
>
> 那样轻盈，不惊起谁。
> 细香无意中，随着飘过，
> 拂在短墙，丝丝在斜阳前，
> 挂着，
> 留恋。

我从中感受到了美好，更感受到了笔记中的温暖。

三、反思与建议

（1）教师要关注学生的人格特性。未来社会的变化会越来越快，人的压力也会越来越大，这都需要学生将来去一一面对，所以拥有阳光、健康的心态非常重要。我们应该巧妙地引导学生了解自己，内观其心，学会调整。气质类型这些知识，虽然不属于教材内容，但是对学生认识自己有帮助，教师可多介绍一些。这些知识有时会像一面镜子，让学生照出自己的影子，照出自己的问题。

（2）教师要主动借助科学的方法引导学生管理情绪，教会他们疏通自己的心结，宣泄情绪。除了本次活动的做法外，还可以借鉴心理学中的那些形式活泼、设计巧妙的心理游戏，让学生在愉快的氛围中探讨自己和他人的内心世界，了解自己需要改进的方面，积极面对，让自己强大起来。

第五辑

责任担当

23 从爱书谈自律

一、设计缘起

一天，班干部发现教室后面书架上的书有掉页和折页的现象，就在一起商议解决办法，并做出一项规定：谁再损坏书籍，就罚他捐献两本书。这样实施了一个月，学生反馈回来的结果令人担忧：许多书明显是被人故意撕坏的。

我调查清楚缘由之后，心里不禁笑了。学生的好愿望没有得到好结果。这其中有几个方面的原因：第一，学生因不小心损坏书籍被处罚，会产生逆反心理，造成故意损毁行为。第二，班干部认为规定可以解决一切，却不懂得疏导同学的心理比硬性制度更重要，不能宽容、体谅同学，二者自然形成对立。第三，班干部的工作能力有待提高，没有养成调查研究的务实精神，没有养成为同学服务的意识。

二、教学设计与实施

● 第一环节：给学生讲述美国解除禁酒令的故事

"美国西进运动的时候，西部牛仔非常喜欢喝酒，喝酒后就爱打人。美国女性很讨厌丈夫喝酒，因为喝酒后往往会被丈夫无故殴打。19 世纪 20 年代美国的女性有了投票权，于是，经过投票，美国颁布了禁酒令。你们认为结果会是什么样子的？"

学生纷纷说道：美国女人不再挨打了；街上没有酒鬼了；不喝酒的人更文明，更有绅士风度……

我继续讲："结果是，许多男人开始说谎话，过去坦诚的男人变成了伪君子。因为偷偷在家喝酒后，出门就要对别人撒谎说没有喝酒。还有，工厂里对人有害的工业酒精被偷走，许多人养成了偷盗的习惯。政府觉得喝工业酒精伤身体，就宣布在所有的工业酒精中加入毒药，让大家不敢喝。结果真的没人再喝酒了吗？"

学生说："下了毒药，肯定没有人再敢喝了。"

我笑了笑说："结果是，1926 年仅纽约就有四百多人因为喝工业酒精死亡。更可怕的是，黑社会由此兴起。他们的发迹就是因为私下贩酒，黑手党从此成长、壮大。更坏的影响是，黑手党行贿爱喝酒的官员，造成政府风气败坏。你们觉得禁酒令怎么样？"

学生说："禁酒令毕竟是为人们做好事啊！"

我接着讲："大家都知道医生是救死扶伤的天使，可禁酒令让这些天使失去了圣洁。因为医院做手术要用酒精，他们就偷偷违法私卖。还有基督教在做礼拜仪式时要用红酒，红酒代表耶稣的血，可神圣的神父也偷偷卖酒。因为禁酒令，整个美国从百姓到政府全都出了问题。人与人之间，民众与政府之间，都失去了信任，你们怎么看这样的结果？"

学生认真地思考后说："那就解除禁酒令吧。"

我说："的确，后来罗斯福解除了禁酒令。这个故事告诉了我们什么？"

学生小组讨论后说："遇到问题不应该只是去禁止，而应该多分析原因，探索症结，找到更适宜的办法。"

我说："颁布禁酒令的初衷是好的，但它是一个草率的决定，引发了极坏的结果。再好的规定，也要根据人们的实际情况，站到别人的角度思考问题。如果不分析问题的根源，仅靠严格的法令，是不会长久的。"

解读禁酒令

● 第二环节：查找图书损坏原因

我对全班学生说："我相信咱们班本来没有人故意损坏书籍，但因受到严重的惩罚，心里就不高兴了。这种心理，我可以理解。谁能说说班干部哪里做错了？"

学生说："班干部应该分清楚是故意的还是有意的，再进行惩罚，我觉得一味地批评不对。"

班干部为难地说："这很难区分，我们又不能时时盯着。"

我说："正因这很难区分，更不能简单地把所有行为都归到故意中去，这样就冤枉了同学。有冤枉一定会激起民愤。大家可以一起积极地想办法，请再仔细观察思考一周，找找原因。"

下课后，我让每一位班干部至少调查10名同学，收集图书损坏的原因。班干部主动询问，认真记录，班里一下子热闹起来，学生纷纷说出了自己读书时遇到的问题，气氛很是和谐。

● 第三环节：讨论怎样爱护一本书

一周后的班会上，我让学生把收集到的原因做成PPT，让他们看过之后思考解决的办法，然后发言。

拿书的时候，不能就拿一部分拎着走，要合好书，手要拿稳抓牢。

书平放在桌子上看的时候，不能趴在书上，对视力不好，也容易把书的中缝压开裂，可以垫一个铅笔盒，书有斜度对眼睛也好。

看到某一页书要停止时，不应该随意折页，应插好书签。

在书上做批注时（我班的图书都是大家捐献的，轮流更换，书上可以做批注，发表自己看书的心得，以便相互交流），不应该压住文字，影响后面的人看。

把书传给别人时，不能偷懒离得很远就扔过去，应该尊重书。而且，有时候得扔不准，易伤到同学，还容易引起矛盾。

中午吃饭时不要看书，容易弄上菜汤，吃完饭再看，对视力也好，也能保护书。

充分讨论后，我出示了自己和学生画的漫画，配以稚嫩的童声，一边放图片，一边以书的口吻讲述内心的感受，力图引发学生的思考。

漫画故事是这样的：我是一本藏着很多知识的书，我的身体经过高温的熬煮才制成纸张，那是极其痛苦的经历。但是我必须咬牙坚持，因为我知道自己身负重任——我的文字是许多人的智慧结晶。我本想从遥远的地方跑来，遇到一个懂我的朋友，把自己的知识无私地奉献给他。我愿意他轻轻地捧起我，闻着我的墨香，和我心灵交流。我愿意把自己的一切精彩与这个朋友分享。可是，我失望了！我往往不被一些小朋友重视，他们把我扔来扔去，让我受伤；把乱七八糟的东西压在我的身上，让我变脏。我很伤心，很伤心！我带着一颗赤诚的心来，多么渴望遇到一位真诚的朋友，一个尊重我、爱护我的朋友。我不需要你为我做什么，只需要你别伤害我，只求你别让我失去尊严。因为那一刻，你也失去了美德。

最后，我问同学们："你们看书时，需要别人监督和制裁吗？"

学生大声而肯定地说："不需要！"

我说："我相信你们。爱看书的孩子，都是品格高尚的人，珍惜书籍是自律的表现，这些品质都是很优秀的。我们从今天开始寻找我们的'爱书天使'，好吗？"

全部学生愉快地同意了。活动后，没有采取任何一项惩罚措施，书籍损坏情况却有了明显好转。经过一段时间的观察后，我们评出了"爱书天使"，还让这些学生分享了怎样看书不损伤书的经验。有学生的发言特别感人："爸爸告诉我，书是作者融合多年的经验和经历写出来的，作者怀着一颗爱心写出来，要花很久的时间，可能两年甚至更久，所以书是作者的生命。书还要经过许多人辛苦地设计、印刷，才到我们的手中。多少人的劳动和辛勤付出，我们才能完好无损地把它捧在手中。我们要把它当作朋友，它是只会向我们付出而不会索取的最好的朋友。知道了这些，我们自然就会轻轻地、小心地呵护它。"同学们听了，很感动。

三、反思与建议

（1）教师要注意教给班干部做事情的方法。这些班干部往往学习好，纪律好，得过众多的表扬，在赞美声中长大，因此会流露出骄傲的表情和神态，这对他们的成长很不利。教师要重视对他们的引导，让他们从小懂得协作，懂得"孤木难成林"的道理。在活动中，我让班干部去调查，就是要让他们了解学生的问题，认识到自己的武断，从而在内心深处悟出：每个人做了不好的事，都有他自己的苦衷，作为班干部应设身处地地理解他人，主动地帮助他人。

（2）教育需要心灵与心灵的对接。在这次活动中，不仅有班干部与同学心灵的对话，还有代替书的童声真挚地与学生进行心灵的对话，让他们感受到万事万物都是有生命的，应该敬畏生命。这种情感体验，会影响学生的价值取向。

（3）他律不如自律。班级里的许多问题不需要制定规则来解决，要尽量避免以惩罚的方式去规范学生的行为。许多学生会因为规则产生逆反心理。要想让损坏书的现象不再发生，首先要让这些学生失去"猫捉老鼠"的趣味感，没有人捉你，你再淘气也会觉得无趣。要让学生感悟到书籍的可爱，唤醒他们的爱心，从内心深处喜爱书籍，把书当作朋友。

24 从暴力慈善到天使守候

一、设计缘起

课间，我给姗姗（化名）讲了一道阅读题，她听懂了，我转头一看东东（化名）这道题还没有改对。我想让姗姗加深对这道题的理解，于是就请姗姗试着给东东讲题。结果，姗姗很认真地给东东讲，东东听明白了，也改对了。

上课后我表扬姗姗："姗姗牺牲了自己休息的时间给东东讲题，太值得表扬了！"没想到放学时，姗姗跑到妈妈面前，当着校门口所有人的面大声说："东东不会做题，我给他讲明白了，老师表扬我啦！"她的妈妈也很欣慰地夸她："不错呀，都当小老师啦！"我看了东东一眼，东东灰头土脸地挤到人群中走了，东东的妈妈也垂下头默默地走了。

这不到五秒的瞬间，让我知道这件事刺伤了东东，可是转回头想，姗姗也没有错啊，我意识到是我的教育出现了缺失。联想到社会上许多人为了某种自私的目的高调地做慈善，我想到了四个字：暴力慈善。这在今天并不鲜见，于是便有了这次活动。

二、教学设计与实施

● 第一环节：站到被捐助人的角度感悟

品德课上，我请学生看了一段某慈善家做慈善的新闻点评：暴力慈善。

还让学生听了一个故事：小时候，慈善家为同学交了一次学费，结果老师奖励了他一颗小五星，贴在脑门上，他就带着这个五星对所有的同学和村里人夸耀自己，想得到表扬。

我问学生："假如你是那个被捐助的学生，在慈善家帮助你时，你会怎样看待他？"

学生说："我会很不高兴，心里极其难受。""我会觉得很丢人。""我再也不会让他帮助我。""我不会感激他对我的帮助，相反还会恨他。"……

我说："能够无私地拿出自己的财物来资助别人，是非常可贵的，值得称赞，但是他伤害了别人的什么？"

学生大声说："面子。"

我给学生出示了《不食嗟来之食》一文，请他们讨论：人的尊严重要吗？

学生说："重要！没有尊严就跟动物差不多了。"

我让学生站到被捐助人的角度思考：他们为什么要接受捐助？

学生说："因为他们确实遇到了困难，太艰难了，他们太需要这些捐助改变自己。""获得捐助是为了让自己渡过难关，将来更有尊严地活着，而不是为了失去尊严。""获得捐助是为了让自己的孩子得到上学的机会，将来过上好日子，改变贫穷的现状。""接受捐助是他们走投无路的唯一选择，但是他们并不愿意让别人看不起。"……

几番讨论下来，学生懂得了：帮助别人的时候，要考虑别人的尊严。如果以伤害别人的自尊心成就自己的伟大，那就是自私，是精神上的暴力，根本谈不上慈善，应该受到谴责。

● 第二环节：内省

我见学生有了初步的认知，于是把问题拉回到他们的生活中，将生活中常常出现的情景重现给他们，让他们思考。

情景1：放学时，妈妈来接贝贝，贝贝当着全班的家长和同学说："我今天考了第一名，比第二名李珊高了3分呢！"

情景2：几个学生在楼下小区里一起玩，数学好的孩子东东当着许多孩子的面对小军说："我总给你讲数学题，你还不把新球给我玩，不然以后我就不帮你讲题了。"

情景3：小童过生日，刚从美国旅游回来的同学青青骄傲地说："你没去过美国吧？这是我送你的生日礼物，是在美国买的，这可是限量版的呢！"

看过这三段情景，我请学生分别从说话人的角度想一想，他们为什么会这样说？再从听话人的角度想一想，听的人心情怎样？学生顿时陷入了沉思。因为这些情景常常出现在他们身上，而从未被在意过。在这些学生静静地沉思中，我看到他们幼小的心灵开始有了感悟。

● 第三环节：我们应该怎样帮助别人？

后来，我们在班级中开展了"天使守候"的活动。

我提前准备好全班学生的人名小字条，每人每周一抽取一张条，只有自己知道抽到的人是谁。这一周自己就当"小天使"，悄悄地关心字条上的同学，但不能让对方知道，要默默地关心和帮助，要保密。即使对方问自己，也不能说是或者不是，所有的学生也不许问谁是帮助自己的"小天使"。

周五时，谜底揭穿——每个人公布自己本周悄悄帮助的学生是谁，说一说这周为他默默地做了什么，自己有什么感受，引导学生体验"一心付出，不求回报"的美好感受。

这个活动极大地激发了学生的热情，他们都在平日里积极观察自己要帮助的人，也都兴奋地暗暗猜测是谁在默默地帮助自己。

这个活动有几大好处：（1）让每个学生养成自觉自愿帮助别人的好习惯。（2）让每个学生控制住帮助别人时，马上就想得到表扬的欲望，从而慢慢养成帮助别人是心甘情愿的自主行为。（3）让每个孩子体验到帮助别人的真正快乐，并慢慢地渗透到学生的意识中，成为他们的价值观。（4）让学生感悟到自己和别人处在同一群体中，每个人都需要帮助，没有谁比谁高，谁都不会在所有方面都永远优秀。（5）在每天观察时，逐渐地形成一种责任感。

三、反思与建议

（1）学生的认知来自生活经验，而当今社会繁杂的信息大量地冲击着学生的心灵。社会上的各种风气，儿童都会一股脑儿地感知，甚至接受，并在不知不觉中被感染。如：家长炫富，学生炫分；家长追求奢侈，学生就容易浮夸。对此，教育者应该有所作为，根据学生的年龄特点设计教育策略，帮助学生形成正确的认识。

（2）这次活动的成功之处是充满神秘色彩，很适合中高年级的小学生。这次活动开展了较长的一段时间，每周五公布时，我都注重引导学生对默默帮助他人的行为进行感悟，把他们美好的体验与其他同学分享，感受默默帮助他人的美好，感受帮助他人带给自己的积极动力，这是最有意义的环节。它有助于学生形成适合社会发展的价值观、健康的慈善观，将来社会会更多一份和谐。

25 玩转"二十四节气"

一、设计缘起

　　一次课间，丽丽（化名）找到我："老师，我早自习可以不上吗？"我问为什么，她说："我爷爷说快到冬至了，小孩子应该多睡觉，早晨晚点起。"我想到中医养生中确实有"冬藏"的说法，刚要答应，没想到旁边的学生说："冬至怎么了，就不上学了，这算什么道理？是你懒吧？"丽丽脸一红，说："那就算了，我还是上早自习吧。"说着就离开了。

　　回到办公室，我认真查阅了节气的资料，发现二十四节气是我国劳动人民对天文、气象、物候进行长期观测、探索、总结的结果，它能反映季节的变化，指导农事活动，影响着千家万户的衣食住行，是我国劳动人民独创的文化遗产。二十四节气蕴含着独特的中华民族传统习俗和深厚的文化积淀，有关二十四节气的诗词曲赋，无不鲜明地带有中华民族的传统特色，成为我国农耕文化的重要组成部分。二十四节气蕴藏着丰富的保健常识，我越看越觉得有道理，于是决定针对班级特点开展特色课程，利用零散时间完成节气知识课程的学习。

　　年初，我请学生每人选定喜欢的节气，查阅资料，认真准备。在一年中，每到一个节气就由几名学生给大家讲解节气的知识、饮食传统、身体保健、庆祝活动、相关诗词、经典故事等。

　　学习方式是自由的，主要是让他们体会自己命题、自由展示的乐趣。

二、教学设计与实施

● 第一环节：全班总体感知二十四节气

为了让学生知道了解节气应从哪些方面入手，更感兴趣，我决定先从学生介绍二十四节气开始，给他们搭设台阶。

第一组汇报了二十四节气的来历。

在春秋战国时期，我国就已经能用土圭在平面上竖一根杆子来测量正午太阳影子的长短，以确定冬至、夏至、春分、秋分四个节气。一年中，土圭在正午时分影子最短的天为夏至，最长的天为冬至，影子长度适中的为春分或秋分。到秦汉时期，已经形成了完整的节气的概念。从天文上讲，二十四节气就是根据一年内太阳在黄道上的位置变化和引起的地面气候的演变次序，将全年平分为二十四等份，并给每个等份起名，这就是节气的由来。二十四节气在中国文化史上具有重要地位，发挥着不可替代的作用。

还介绍了二十四节气歌谣：

> 春雨惊春清谷天，夏满芒夏暑相连。
> 秋处露秋寒霜降，冬雪雪冬大小寒。
> 每月两节日期定，最多相差一两天。
> 上半年是六廿一，下半年来八廿三。

第二组汇报了节气民谣。

> 说个子来道个子，正月过年耍狮子。
> 二月惊蛰抱蚕子，三月清明坟飘子。
> 四月立夏插秧子，五月端阳吃粽子。
> 六月天热买扇子，七月立秋烧袱子。
> 八月过节麻饼子，九月重阳捞糟子。
> 十月天寒穿袄子，冬月数九烘笼子。
> 腊月年关四处去躲账主子。

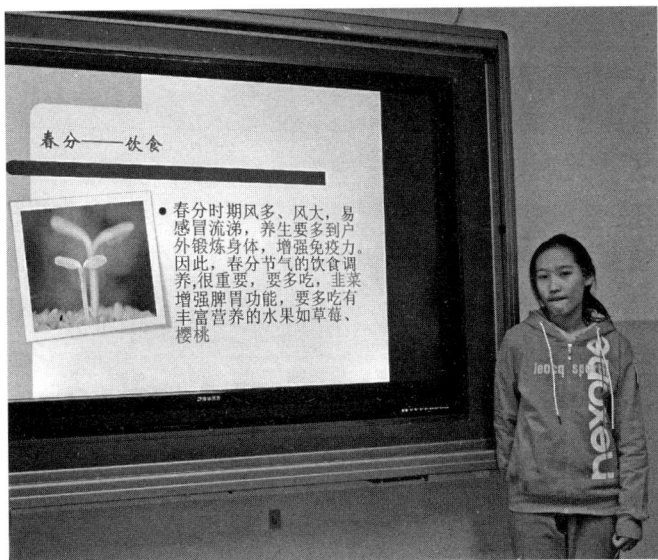

学生介绍节气

学生在学习这一首民谣时，对其中的食品并不熟悉。这时师生一起上网查阅，了解到朱元璋起兵反元时，合肥人张德胜被朱任命为先锋，为了筹办干粮，张到合肥，特制了一种大"金钱饼"，又叫麻饼，以饷水军，因此士气大振，击败元军，夺取采石天险。朱闻讯后，称为"得胜饼"。张死后，被追封为蔡国公，故又称"蔡国公饼"。

学生了解到了麻饼中的故事，感受到了食品、节日、礼仪、生活习惯等，原来都是相互关联的，觉得二十四节气太有趣了，离自己更近了。

第三组汇报了节气谚语。

过了惊蛰节，春耕不停歇。惊蛰一犁土，春分地如筛。

过了芒种，不可强种。夏至进入伏天里，耕地赛过水浇园。进入夏至六月天，黄金季节要抢先。

小暑惊东风，大暑惊红霞。大暑大落大死，无落无死。

这些农家谚语短小精练，实用具体，至今还在农村流传和使用。

我把学生汇报的"春耕、夏耘、秋收、冬藏"写在黑板上，问学生：

学生介绍谚语

"我们学过品德与社会课中《神奇的中医》一课，知道了养生的八个字：春发、夏长、秋收、冬藏，你们发现二者有什么共同之处吗？"

学生交流讨论、查阅资料后，发现中国人的养生是极其科学的，遵循大自然的规律，提倡顺应自然。在探索学习的过程中，学生进一步感受到了中医的奥妙。有些学生还把中医与汉字相结合，对汉字的解释令人惊讶：

春字，强调太阳出来了，就是要告诉人们要动起来了，要展示生机了；冬字就相反了，像是把什么东西都拧干了，最后的两滴水都拧出来了，暗示人们该藏起来好好孕育生命力了。

我真高兴学生学会了发散思维，能把相关知识综合分析，构建自己的认知体系，掌握了更加灵活的学习方法。

第四组汇报节气诗词。

在中国浩如烟海的诗词中，涉及二十四节气的诗词很多。我国最早的一首与二十四节气有关的诗歌是《诗经》里的《七月》。诗歌从一年中最寒冷的十一月、十二月"无衣无褐"的冬日生活起笔，写了"春日载阳，有鸣仓庚"的春天万物复苏的景象，"八月剥枣，十月获稻"的一年四季不停歇劳作的景象。其中"八月断壶，九月叔苴，采荼薪樗，食我农夫"一段，写出了先民在不同季节采食不同的果实，丰收喜悦的情景。

宋代陆游的《时雨》，也是不可多得的一首节气诗佳品：

时　雨

时雨及芒种，四野皆插秧。

家家麦饭香，处处菱歌长。

……

从众多的诗句中了解传统节气中人们的不同情绪，学生看到的不仅有欢畅，还有芒种时节田家麦收的劳累和辛苦。收获时节，全家老少一起出动，脚踩滚烫的热土，头顶炎炎的烈日。

范成大是宋代著名的田园诗人，其晚年所作的《四时田园杂兴》是他退居家乡后写的一组大型田园诗，反映了农民遭受的剥削以及生活的困苦。

四时田园杂兴

采菱辛苦废犁锄，血指流丹鬼质枯。

无力买田聊种水，近来湖面亦收租。

我问："这首诗仅仅是说辛劳吗？还有什么？"

学生讨论后明白：反映农家被剥削和压迫的诗歌在历朝历代都有新作，从中可以看出我国诗人的忧患意识和爱国爱民的情怀。

第五组介绍了节气的四时感怀之作。

古代文人从二十四节气的变化中感受到季节更迭、时间流走、人世变迁、年华逝去，由此触发情感。通过节气诗或抒发情感、寄托心志，或喻古伤今、怀乡念友，或心怀天下、忧国忧民等，这为诗词领域增加了独具特色的内容。

而在四时感怀的节气诗词中，悲秋的诗词所占分量最多。

杜甫的《秋兴八首》，第一首为："玉露凋伤枫树林，巫山巫峡气萧森。江间波浪兼天涌，塞上风云接地阴。丛菊两开他日泪，孤舟一系故园心。寒衣处处催刀尺，白帝城高急暮砧。"该诗通过悲自然之秋来悲人生之秋和国运衰落之秋，充溢着苍凉的身世之感和家国之愁，含义较一般的悲秋之作更为深厚。

从以上活动中，我总结道：四季变化引起诗人的无限感怀，伤春、苦夏、悲秋、枯冬均成为文人创作的源泉。充满萧条、微露肃杀之气的秋天，自然容易被诗人借以表达惆怅、失意之情。

● 第二环节：顺着节气玩游戏

春分时，我们玩起了"竖蛋"游戏。

教学中，我提出的问题是："什么样的蛋容易立起来，为什么？为什么古人要在春分时玩'竖蛋'游戏？从'竖蛋'游戏中，你获得了什么？"

学生从这个游戏中感受到许多科学知识，更懂得这些游戏中蕴含着中国人对幸福生活的期盼，兴奋极了。

"竖蛋"游戏

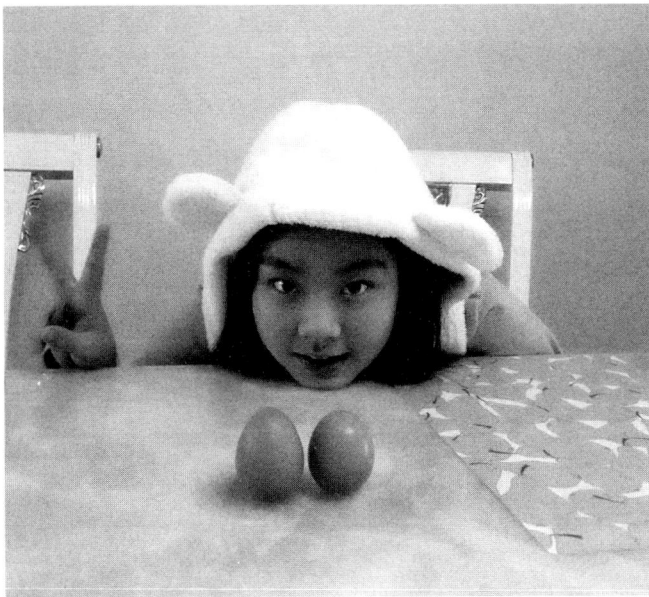

"竖蛋"游戏

● 第三环节：设计节气棋盘

为了培养学生整理收集学习成果的习惯，形成愿意和大家分享成果的意识，我说道："大家都很喜欢《岁时记》，其实阅读每本书都是将作者的智慧与读者分享的过程，我们也可以把这次学习成果和全校学生分享。"

学生问："怎么分享？我们也去写书？"

我说："你们是学生，更容易设计出适合自己的形式，想想看。"

几经讨论，学生决定把自己学到的节气知识融进棋里，设计一种节气棋盘，把自己获得的知识变成对他人有意义的东西。

学生设计出棋盘，送给低年级的学生后，都非常高兴。他们也体会到了分享的快乐，感受到了学习的意义。

学生展示棋盘

三、反思与建议

（1）传统文化是个大题目，如何在日常的教育活动中使学生感受到传统文化的智慧与魅力，需要我们的精心设计。在这次活动中，我把传统文化、爱国主义教育与小小的节气结合起来，既让学生感受到了中国节气的特色和美妙，增强他们对国家的热爱，又让他们充分体验到了乐趣。

（2）教育活动要把空洞变成实在。对于小学生来说，国家、人民、文化都是比较空洞的字眼，因此"玩中爱"是最佳捷径。让学生一年中都牵着二十四节气的"手"，高高兴兴地玩起来，参加传统节气活动，品味节气美食，感悟节气的养生之道，发现节气知识的妙处，让他们自然而然地接受传统文化的熏陶，感受到传统文化的灿烂。这是悄无声息的爱国主义教育，举重若轻。节气有讲不完的故事，品不完的诗词，只要有心，就一定有精彩的设计。

26 多视角理解南海问题

一、设计缘起

因为大人都非常关注钓鱼岛问题，学生也在班里讨论了起来。有的学生气愤地说："南海是我国的，应该把其他国都轰走，不行就给他们几颗原子弹，谁让他们抢我们的海洋！"

小小年纪，学生就开始有这样的狂热思想了！他们从少年进入青年，正是建立正确的世界观的时候，这种狂热的思想是十分有害的。

有了这种担忧，我思考了很久，决定动用家长的力量，一起来探讨这一复杂问题，让学会能够客观冷静地看待世界。

二、教学设计与实施

● 第一环节：了解相关知识

我请一位教授家长讲解了有关海洋划分的国际公约知识，以及南海几次变迁海岸线的缘由和历史。又请两位武警家长讲述了两本书，一本是宋晓军等人的《中国不高兴：大时代、大目标及我们的内忧外患》，一本是刘明福的《中国梦：后美国时代的大国思维与战略定位》。家长对书中的观点进行清晰的解读以后，几个活跃的学生兴奋地高声说："我觉得他们对！""就应该用武力保证商业！""用武力震慑别的国家！"……

我问学生："这两本书的观点，政府已经明确表示不代表政府言论，但是却同意出版，为什么？"

"我觉得军事强大才会国泰民安，就应该用武力解决相关问题。课本上都说弱国无外交……"

"日本总是欺负中国，我们不能手软，越软他们越来劲。"

"日本和中国的贸易非常多，打仗会导致双方都受损失。"

我出示了两份资料。第一份资料是：20世纪80年代，邓小平访问日本，日本帮助中国电器等行业迅速发展。通过这份资料，学生知道，日本也曾帮助过中国，两国之间曾有过和谐相处的时期。另一份资料是：资中筠女士看到20世纪初日本的国家档案中早早地记录了她的老家湖南省的一个小山中的煤资源。通过阅读这份资料，学生懂得了日本对中国的了解如此精细透彻。而中国对日本到底能了解多少？如果不能知己知彼，战争会取得胜利吗？

这样做的目的，是让学生通过阅读交流，懂得"战争"二字不可以随便出口，有矛盾的国家之间，即使真的要发动战争，也不能仅仅靠狂热的情绪，而应该思考怎样才会处于不败之地。我们要让学生懂得，了解后才会超越，冷静思考才是处理矛盾的态度，要避免狂热战胜理智，培养学生从小形成冷静思考复杂问题的意识。

● 第二环节：换位思考

当学生通过上面的学习交流冷静下来后，我把有关"中国威胁论"的内容介绍给学生，让他们了解其他国家对中国的想法与担忧，以此学会以第三者的角度分析别国对中国崛起的看法。

为了让学生走进其他国家人民的内心世界，体会他们的感受，我又让学生阅读了南海渔民家小孩子的故事。通过一个越南小孩子之口，让学生了解越南祖祖辈辈靠南海为生的人面临失去经济来源的真实忧虑。

这个从孩子口中说出的真实故事，让班里的许多学生沉默了。

"原来只想到用武力解决问题，没想到历史遗留下来的问题，牵动着许多家庭的生活。这的确不简单。""如果这个越南孩子的父亲失去南海的工作，他们一家就没有经济来源，面临饥饿，我并不希望这个孩子受苦。"

看到学生的认知更加人性化了，少了许多狂热情绪，我很高兴。

● 第三环节：面对争议，坦荡胸襟

学生困惑了，不知道应怎么办。这时，教师要领着学生跳出小我，以更加宽广的视野去认识世界。

我先让学生读新闻，了解德国面对克里米亚战争时的态度。按道理说，康德的故乡、希特勒的指挥部都在克里米亚，德国可以理直气壮地争夺克里米亚。可为了欧洲的大局，遵循《雅尔塔协定》，德国决定不再要回，从而得到世界各国的信任。

我还给学生讲了一个关于新西兰厕所标语的见闻。发达国家经常埋怨中国游人如厕不讲卫生，而新西兰的厕所门上提示：当你埋怨中国人习惯不好时，想一想中国人对新西兰的贡献。

从这则见闻中，我引导学生看到了新西兰人民的胸怀，思考一个负责任的国家应该具有怎样的胸怀。在这些阅读的基础上，我展示了我国对待南海的原则：和平解决、共同开发。

此时，学生就可以完全理解做出这样决策的原因了。

三、反思与建议

（1）面对纷繁的世界问题，教师要大量阅读、多层面地阅读，让自己养成客观分析问题的习惯。在这次活动中，我通过带领学生阅读，很好地解决了他们的内心困惑，认识并学会了寻求答案的科学路径。我把这种教师、家长、学生一起参与的多层面、多角度的阅读称为"立体式阅读"。这在学生的成长过程中，可提高他们认识问题、解决问题的能力，而且很重要。

（2）学生要在这个交流日益增多的世界中生存，互联网也给个体的能量释放创造了平台。面对这样的世界，教师应引导学生冷静地思考问题，避免陷入个人狂热。当今世界发展迅速，世界各国为了保护既得利益，有些国家民粹主义有抬头之势，这对世界和平非常不利。我们的教育要跟进，要让学生懂得追求世界和平是全人类的理想，也是全人类的共同利益。

27 面对韩国申遗

一、设计缘起

一天，我在品德课上讲了各国的特色，一个学生说要到韩国去吃泡菜，另一个学生立即满脸不屑地说："我妈妈说韩国就会跟中国抢，端午节他们也要抢，还准备申遗呢……"

面对学生的发言，我问有同意他的观点的学生吗？也同意韩国是在剽窃我们的文化去申遗的请举手。结果，居然一半学生举了手，这让我很是愕然。

于是我给学生布置了一项作业：用自己熟悉的方式了解韩国申遗中有哪些行为涉及剽窃了中国的？

第二天，学生一早过来就跟我痛陈韩国的种种可恨行为：

端午节和春节都被韩国人占为己有，都申遗了。

还有中国汉字和书法，他们也说是他们的。

我妈妈是东北人，她说连东北的火炕，韩国人都说是他们的。

他们的泡菜其实是跟中国学的，没有中国，他们什么都不会。

看到这些愤怒的学生，我隐约感到了担忧。我们该如何认识一个国家呢？

二、教学设计与实施

● 第一环节：深入了解韩国的端午节

我让学生回去查找支持自己观点的理由和依据，分成两派进行辩论。必须有根据地说服对方。要求：不可以随便给出结论，要有理有据。

经过一节课的辩论，学生知道了韩国的端午节和中国的端午节不是一个含义。

中国的端午节是在河里扔粽子喂鱼，而韩国家家户户都会在端午节当天吃艾子糕，用菖蒲汤洗头。韩国人会穿着传统服装参加祭祀、演出和体育活动，女人荡秋千，男人则聚在一起进行摔跤比赛。中国的端午节是为了纪念屈原，而韩国的是一种东亚萨满教祭神仪式。韩国江陵端午祭源于新罗时代的山神祭，原是村农祈祝丰收的庆典，已有 1000 多年的历史。他们所祭祀的神灵是"大关岭山神"、洞（村落）城隍，被神化的人物有 12 位之多，如金庚信、国师城隍"梵日国师"、大关岭国师女城隍（郑家女）等。江陵端午祭的程序是从酿制神酒开始的。农历四月初五，人们用江陵旧官府"七事堂"发放的大米和米曲子酿制神酒，准备端午祭时敬神和饮用；四月十五日举行"大关岭山神祭"和"国师城隍祭"。祭祀结束后，锯一段神木，人们将青红礼缎挂在神木上面，然后在神木的引导下，组成迎神行列；五月初三傍晚时分，回到江陵国师女城隍祠（郑家女）接受"奉安祭"，也就是端午祭的"前夜祭"。祭祀结束后，将大关岭山神和国师城隍牌位送往南大川露天祭场。从初四到初七，每天的早晨举行"朝奠祭"。这一整套的祭祀仪式，是非常讲究的。

在充分认知的基础上，学生明白了，不应该说韩国剽窃。以此种方法，学生又讨论了韩国的春节。有些学生知道自己说错了，但还是有几个比较顽固的学生说："他们说汉字是他们的，书法是他们的，这绝对是他们的错吧？"

我拿出事先准备好的资料读给学生听——韩国政府从未在联合国申遗中报过汉字和书法，这些都是网上的人随意猜测或蓄意制造的假新闻。此时，学生才恍然大悟。

● 第二环节：深入了解韩国

为了让学生对韩国有更深入的了解，理解韩国人内心深处的民族情结，我讲述了有关韩国的两件事情：申雅岚赖赛和韩国人献出黄金救国。

第一件事：伦敦当地时间 7 月 30 日晚 19 时许，韩国击剑选手申雅岚在女子个人重剑半决赛中被判罚 5 比 6 负于德国名将海德曼。韩国教练与申雅岚本人对判罚结果极不满意，在申诉失败后，申雅岚坐地不起，表现极端，导致原本 19 时 10 分和 40 分举行的三四名比赛以及决赛全部推迟。

第二件事：1997 年亚洲金融危机，各个国家的人民都想保住自己的财产纷纷抢购黄金。而韩国民众坚持持有本币，拿出自己的美元和所有私人积蓄的黄金以最低价卖给国家，支援本国的汇率战，很悲壮、很感人！韩国银行外汇管理处负责人接受道琼斯新闻社记者采访时说："作为一种安全保障措施，买入黄金有助于我们应对瞬息万变的全球金融市场，同时有助于提升投资者在危机时期对韩国的信心。"

当学生了解了这两件事后，我让他们思考："你们发现韩国人有什么特点了吗？"

学生说："韩国人宁可自己受苦也要爱国，他们总是不服输，对赢十分渴望。"

我说："你们说得很好，再想一想他们的邻国都是哪些国家？"

我让学生看班级墙壁上挂的世界地图，他们说有中国、日本和俄罗斯。

我问："它的几个邻国，历史、文化、语言虽然不一样，但仔细想一想，这几个邻国有什么相同之处？"

学生分析道："都曾经是或正在成为大国、强国，甚至有的国家还曾经是世界霸主。"

我又问："如果你是韩国，你的身边都是强国，力量比你大，实力比你强，历史比你久，文化比你深，你会有怎样的心理？"

学生说："我会担心被欺负，特别想要强大起来！"

我说："对呀！韩国知道日本的汽车物美价廉，但是很少购买，猜猜他们怎样想的？韩国知道中国的历史悠久，曾经当了很久的中国附属国，于是急于摆脱中国的影响，要让世界认识到韩国的独立，所以他们追求创新，重视外在形象，人穿得很讲究，化妆很精致。你们还能发现韩国追求极致的方面吗？"

学生想了想说："韩国的汽车设计很新颖。""三星手机的设计极其完美。"

我说："现在你们理解他们为什么注重各种申遗了吗？"

学生说："因为他们想成为世界人民眼中的大国，想获得尊严。""他们渴望经过自己的努力，让别人看到他们的与众不同，认可他们。"

我问："现在，你们能理解他们有时呈现出的极端行为了吗？"

学生分析到这里，渐渐明白了，激愤的情绪平息了。学生能够站在韩国人的角度感受他们的压力，感受他们的内心渴望，能够初步理解韩国了。

● 第三环节：结合语文课文，理解什么是理性思维

在讨论中，我要求学生建立理性的思维习惯，不要听到网上传什么就随声附和、人云亦云，要自己收集资料，从多角度理解。另外，我还选了语文课文《别挤了》，让学生结合韩国国情思考诗中的含义，也可以结合中国国情谈谈对《别挤了》的理解。

别挤了

［英］秋更斯

你，不要挤！世界那么大，
它容纳得了我，也容纳得了你。
所有的大门都敞开着，
思想的王国是自由的天地。
你可以尽情地追求，
追求那人间最好的一切。
只是你得保证，

保证你自己不使别人感受压抑。

不要把善良从心灵深处挤走，

更得严防丑恶偷偷潜入你心底。

给道德以应有的地位，

给每一件好事以恰当的鼓励，

让每一天成为一项严峻的记录，

面对着它，你应当问心无愧。

给人们生的权利，活的余地，

可千万，千万别挤！

以下为学生的发言：

我觉得这个"挤"字用得好，体现了当今社会许多人想多占有的心理。

结合韩国来说，我觉得这个"挤"字很恰当地体现了韩国人内心的焦虑。

我觉得应该从两个方面来看，这种"挤"的心理，促进韩国团结奋斗，发展很快，但也让韩国有些急功近利。

我说："你们的发言让我看到了你们的智慧，那么我们改革开放30多年来也发展很快，有没有这样想'挤'的心态？"

"有，我们许多人到国外买世界名牌，炫富，就是不自信的表现，怕别人说自己穷，想用这些来证明自己强大，让别人认可自己。""我发现很多人做事总想托关系、走后门，就是一种'挤'，让别人无路可走。这就太不公平了！"

我很高兴这些追求平等的种子播种在他们的幼小心田里。我问："那应该有怎样的修养，才会受到世界人民的欢迎？"

去旅游时，我们应该遵守各国的风俗习惯，尤其不应该乱扔东西。

我觉得中国人的眼神总是在提防别人，对认识的人很热情，对陌生人就很冷淡，应该多给陌生人微笑。

我觉得中国人做事应该多替别人着想。比如进商店时，应该看看后面有没有人在关门，我在欧洲旅行时就经常看到外国人开门等我。

我觉得上厕所应该注意讲卫生，收拾干净再离开。就像我们班的班训说的那样：让别人因为我的存在而快乐。这样要求自己，就会让外国人由衷地喜欢我们，尊敬我们。

……

我说："任何一个国家都有优点和缺点，都有自己的问题。我们不要过于苛责，更不要妄加评论，每个人都应首先对自己的言行负责任。这个世界网络发达，任何一句话都会成为世界的热点。你们看一个中国小孩在埃及的建筑文物上刻名字，立即会受到各国人的热议；一张3岁叙利亚难民海边殉难的照片，立即轰动世界，唤起大家的慈悲心……这说明在互联网时代，任何一件事都有可能带来极大的问题，这就更需要大家理性、客观、包容。多学习，多了解，多沟通，多怀善良之心对待事物，才会有客观的分析和自己的主见。"

三、反思与建议

（1）理性的思维能力和开阔的国际视野，是今天学生应该具备的品质。可悲的是，在网络社会，人们常常人云亦云，听风便是雨，缺乏批判性思维，很少主动追寻真相。最终，很多人受到狂热情绪的影响，丧失了独立的判断能力，这对世界的和谐与和平是非常危险的。幼小的学生很容易被裹挟进去，养成说话不负责任的习惯，所以我们有必要教会学生多读书，多分析，冷静思考，认真负责地发表自己的言论。

（2）核心素养中的"国际理解"具体阐述是：具有全球意识和开放的心态，了解人类文明进程和世界发展动态；能尊重世界多元文化的多样性和差异性，积极参与跨文化交流等。我在教学中注意引导学生以积极的心态面对不同的观点。这节课中，学生把自己和国家、世界联系在一起。我带领学生站在国与国的关系上了解世界，理解他国，探索问题的根源，努力帮助他们拓展视野，学会理性分析问题，教会他们客观地审视世界的方法，这是非常必要的。

28 我的责任心

一、设计缘起

一天早晨，一位家长生气地对我说："这孩子，真是气死我了！早晨吃完饭，让她帮忙收拾一下碗筷，就这么点儿事，她就不愿意，摔摔打打，还一路跟我闹脾气……现在这孩子怎么这么不懂事？"

旁边一位家长说："对呀，我家孩子也不干，还总是很有理，说自己年龄小。现在这些孩子一点儿责任感都没有。上个星期，小区组织种树、拔草，我怎么动员他都不去，说跟他没关系，又不是老师留的作业。"

懒惰，缺乏责任感，这是当今绝大多数孩子的共性问题。家庭责任感、社会责任感，都是将来学生长大以后必备的品质。没有责任感就容易没有道德底线。所以，我认为有必要为他们补上这一课。

二、教学设计与实施

● 第一环节：班内培养责任感

我在班级开展了"我的地盘我做主"的活动。每个学生自行申请承担班级的某项工作，自愿选择，自己提要求，设计奖惩措施，并定期由督察队同学提出改进建议。

有同学选择的地盘是教室前门：

我的地盘我做主

我的地盘：教室前门

我的责任：每节课从前门进出时，看一下前门是否干净，尤其是门上的条形玻璃是否有手印，是否需要擦拭？

我的准备：每天拿一块干净的毛巾或手绢放在位桌里，随时准备，还可以带一包湿纸巾，以防万一。

奖惩措施：观察发现谁在进门时注意不用手拍玻璃，让其组长记录加分；谁总是不注意，就让他当天放学后做值日。

学生开始时非常有激情，慢慢地，就失去了新鲜感。不过一段时间后，我还是让大家评议了开展此次活动的收获，表扬了做得好的学生，并请他们谈谈自己的想法和经验。

在评议中，有的同学这样发言：

我听到同学说每天一下课，他就先低头看一下位桌里有没有垃圾，地上有没有纸屑，顺便带出去，我觉得这很好。

我听到同学说，每次到书架上拿书都会顺手帮助整理一下书籍，我很惊讶！过去从来没有注意过，以后我也要自觉地把看完的书放好再离开。

今天听组长说，她每节课都要检查组员的卫生，帮助大家收拾。这时我才知道我们组为什么总是被表扬。原来是组长在牺牲自己玩的时间，为组里做贡献。我很惭愧，以后会主动地收拾好自己的清洁区。

这些真诚的话语，说明学生已经有了真实的感受。

● 第二环节：校外培养社会责任感

一次，全班开展了去青龙峡的游玩活动。在活动前，我对学生们说："我们去春游，走入社会就是一名小公民，要有公民的主人翁精神，就是社会责任感。现在，我给大家一个挑战，谁在游玩中发现公园设施有问题，或者不合理的地方，能够提出好的建议，帮助公园改进设施，我们就评他为'火眼金睛'。"

于是，我给每人发了一张任务单，名为"玩出智慧"。在游玩中，学生真的发现了不少问题。

有的学生发现，台阶的扶手应该修建，太不安全了；有的发现，竹筏的钉子容易伤人的脚，应该包好；有的说餐厅的菜全是辣的，应该注意调整，许多同学吃不了辣……我们都将这些问题发给了公园管理处，学生也觉得这一行为十分有意义。

玩出智慧

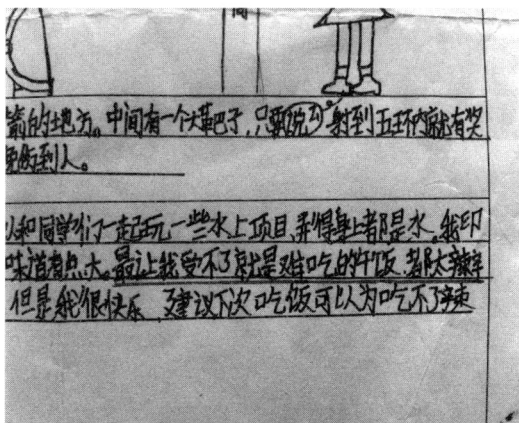

学生发现的问题

当学生在一次次的社会实践中亲身体验到主人翁的责任感与自豪感时，他们的平等参与意识就不再仅仅是观念，而逐步形成社会人所具备的品质。这种品质的形成，也会促使学生不断地提高参与的意识和能力。

● 第三环节：把责任感释放到生活中

接着，我开始引导学生关注自己所生活的小区，主动观察发现小区的问题，提出合理化建议。结果，学生的能量让我惊讶！

有的学生去业委会提出要收拾一片荒地，种植花草，还把自己的设计做成宣传海报，得到表扬。有的学生去了小区物业，提出把楼道的灯换成声控的，这既省电又方便。最让我惊喜的是，有的学生发现楼里老人喜欢在楼下聊天，可他们经常随地吐痰，影响环境卫生。于是，学生把家里的报纸折叠整齐，撕成方形，然后装在塑料盒子里，放到老人们经常聚集的地方，挂在灯杆上。盒子上写得很清楚：爱心纸箱，免费试用。这一举动，得到了家长的夸赞，也解决了小区的卫生问题。

三、反思与建议

（1）高年级的品德课《我的责任》中，很重要的一部分内容是帮助学生树立参与社会意识，培养参与社会的能力。然而，中国的独生子女多被长辈过分地宠爱，在家中更多的是享受别人的照顾，责任感无从谈起。所以，这一课是必定要上的。尤其应该利用集体活动培养学生的责任感，因为在集体中有对比、有榜样，责任感也很容易形成。

（2）在培养学生的责任感时，切记说教批评，要以丰富的活动为载体，长期开展校内校外活动，鼓励学生参与社会，关心家庭；以学生喜欢的方式，自然而然地培养他们的社会责任感。"取之于无形，使人不怒。"教育要潜移默化地进行，这就是智慧。教师要善于设计教育氛围，让学生在开心的情境下，在无形的情境下，接受教育。

（3）责任感的培养绝不是仅仅培养几个班干部，而应该面向所有学生。教师要明白，培养班干部固然重要，但唤醒所有学生的责任感才是最终目标。因此，不能一提责任感，就总是想着培养几个班干部。如果普通学生没有和班干部一样同步受到教育，那么班干部再努力，也不能和普通学生和睦相处，也会很难管理班集体。在全班中达成共识，这样才更容易进步。

29 自由选择座位

一、设计缘起

一天上课，凡凡（化名）十分不高兴，整整半天都阴着脸。我给他的家长打电话问情况时，家长反映说他早晨总是起不来，每天都要叫许多次，有时还会受到训斥，一大早常常闹得全家都不高兴。这看似是家里的问题，教师可以不管，可实际上对于学生来说，这都是他的真实生活，会影响他的学习。所以，教师要把学生的困惑放在心上，把家长的难处放在心上。德育要抓住这些难点开展活动，才能真正让家长认可学校的教育，让学生得到进步，从而形成教育合力，凸显教育的力量。

通过访谈我知道这个问题不仅一家有，而是一个很普遍的问题。于是，我想通过解决这一问题，培养学生的责任感。因此，此次活动采取学生发现问题、寻求答案、实践反思、自行更新的形式。

二、教学设计与实施

● 第一环节：认识自己的责任

当时已进入期末复习阶段，于是我在班里结合《我是学习的主人》这节品德课开展了一系列讨论（全过程录像）：撒切尔夫人为什么从小到大上学都要坐在第一排？鲁迅先生为什么在桌子上刻上"早"字？班级中为什么有人迟到，迟到会带来哪些不良影响？

学生在对迟到的不良影响有了足够的认知之后，我给学生播放了几位家长对于学生不起床困惑的录音资料：

早上叫他起床，真是一个大问题。我不敢大声叫，怕他爸爸的火爆脾气，见他不起床，气一上来又打他一顿，可是小声叫几次，他只是翻个身就是赖着不起，真是为难。我不愿意家里一大早就充满火药味，希望孩子自己主动起床。其实，他每天赖着也就最多是那么 20 分钟，可每天这 20 分钟，真让我难受。

我们家孩子天天叫不起来，非得我快迟到了，跟他大声吼叫，他才起床，害得我送他上学总是在开车抢时间，还有几次差点撞到人，还迟到了几次，被领导批评和扣奖金。

我是孩子的奶奶，每天叫他起床太困难了，我又舍不得打他，一次次地求他起床。好不容易起来了，时间上快迟到了，他怕挨批评就往学校跑，可我呢，替他背着书包跟着他跑，几次送他进了学校，我的心脏病都快犯了，在学校门口坐半天才能回家。

……

学生听完这些家长的录音后，他们都不说话了。于是我说："你们每天的起床关系着全家的幸福、快乐、平安。你们任性，家长就要替你们受过。他们因为爱你们，忍受你们的懒惰带来的一切后果。可是你们对家庭也是有责任的，你们想过吗？"

学生发言，交流他们的看法。他们知道自己的赖床行为是不对的，也表示要改，但是我知道这不容易，要帮助他们找到好办法。

我问学生："那要怎样解决迟到问题？"学生讲出了很多惩罚措施。我又说："惩罚是外力在强迫你们，有没有更好的方法？让你们从内心想要学好，主动改掉迟到的坏习惯？"学生说："主动改最好，可是很难啊。"

为了让学生进一步认识时间的意义，我先让学生认识了一下班杰明，并讲了他的故事。

著名教育家班杰明曾经接到一个青年人的求教电话，于是与那个向往成功、渴望指点的青年人约好了见面的时间和地点。等到那位青年人如约而至时，班杰明的房门敞开着，眼前的景象令青年人颇感意外——班杰明的房间乱七八糟，狼藉一片。没等青年人开口，班杰明就招呼道：你看我这房间，太不整洁了，请你在门外等候一分钟，我收拾一下，你再进来吧。班杰明一边说着一边就把房门关上了。不到一分钟的时间，班杰明又打开了房门，并热情地把青年人让进客厅。这时，青年人的眼前展现出另一番景象——房间里的一切已变得井然有序，而且有两杯刚刚倒好的红酒，在淡淡的香水气息里还漾着微波。可是，没等青年人把满腹的有关人生和事业的疑难问题向班杰明讲出来，班杰明就非常客气地说道："干杯，你可以走了。"青年人手持酒杯，一下子愣住了，既尴尬又非常遗憾地说："可是，我……我还没向您请教呢……""这些……难道还不够吗？"班杰明一边微笑着，一边扫视着自己的房间，轻言细语地说："你进来又有一分钟了。"一分钟……一分钟……青年人若有所思地说，"我懂了，您让我明白了一分钟的时间可以做许多事情，可以改变许多事情的深刻道理"。班杰明舒心地笑了。青年人把杯里的红酒一饮而尽，向班杰明连连道谢，开心地走了。

　　当天我还做了一次实验，把乱七八糟的文具一股脑儿地倒在桌子上，问学生们要把它们整齐地装回书包需要几分钟。学生猜过之后，我让他们尝试一次快速整理，结果在不到一分钟的时间内就整理好了。之后，我请他们静静地听有家长的抱怨录音：

　　我们家孩子收拾个书包就得磨蹭20分钟，怎么催都不行。几次，我都不得不来帮忙，要不就没完。

　　我们家孩子的书包都是我收拾的，没带哪一个，还得让我去学校送，有心不送，又担心老师批评，孩子心里难受。

　　孩子每天写作业时，书包就得折腾半天，乱七八糟，找不到东西。

　　……

学生静静地听着家长的抱怨，脸上显出一些羞愧。

接着，我又把家长抱怨孩子赖床的一些无奈话语播放给他们听，他们静静地听着家长无可奈何的话，感受到了自己给家长带来的纠结。每个学生都静静地思考着……

然后，我对全班学生认真而缓缓地说："生命是由时间组成的。你的生命是由时间组成的，你父母的也是！把握好生命中的每一分钟，就是把握了自己理想的人生，就是对父母的尊重。你们对自己的生命是有责任的，更没有权利浪费父母的生命！任何人都不应该荒废生命，应该主动安排好时间，做对他人有用的人。"

● 第二环节：自己选座位

学生明白了自己对家庭的责任及对自己生命的责任之后，也懂得了要主动抓紧时间学习的道理。这时我说："光说不练只是空话。为了帮助大家不再赖床，从明天开始，我们自己到校，自己选择坐在哪个位子学习。想学习好，请早起床，奖励自己坐最好的座位。"

学生一听都非常兴奋。我说："当天是周几，就由坐在对应位置的学生当小组长，并且自愿留下做值日。谁愿意为大家无私奉献，就自愿坐在小组长的位置上。"

结果第二天，学生到校得都非常早，欣喜地坐在自己选择的位子上学习，一天都很开心。数学教师也表扬了学生上课的状态有了改变。我还大力表扬了愿意留下来做值日的组长，让全班同学为他们鼓掌。

这项活动轻松地解决了学生睡懒觉不愿意起床的问题。家长在微信朋友圈中也激动地表扬孩子起床早了，很支持这项活动。

● 第三环节：品味责任的重要

可是好景不长，这项活动进行到第三天，就出现了学生商量好爱说话的往一起坐的情况。这个问题一出现，我就把前面讨论时的录像回放给大家看。他们看到自己在最初听完班杰明的故事时的讨论发言，感到有些惭愧，又在发言中提出了自己的问题。我想应该让他们懂得每个人对班级都是有责任的。于是我说："有的教师认为让你们自由选择座位会让班级纪律变乱，希望我取消这项活动。你们觉得怎么样？"学生很不愿意，纷纷反对。有的学生还主动承认了自己的错误。

我说："孩子们，你们说得非常好，你们能够认真对待自己的问题，这就是实事求是的精神。我今天给你们介绍一个古代人发明的好办法——功过格。这是一个很好的培养自觉性的方法，大家可以试一试。"

表4　一周功过记录

姓名：

	优秀的表现	不好的表现
周一		
周二		
周三		
周四		
周五		
总结		

一周过后，我把学生的记录拿出来让大家讨论。从程度上看，优秀的和不好的表现，大致一样的可以抵消，再从剩余的情况中，思考自己有没有进步，制定下一周的目标。总结之后，发现有些学生有了明显的变化，自律性增强，上课听讲方面也有了很大进步。

我请来两位老师，当着学生的面表扬了几名上课听讲进步、纪律进步的学生，还把一位老师的话写在黑板上："从你们的进步，我看出你们是个优秀的班集体，我会更努力地教好你们的。"

送走这两位老师，我和学生一起品读黑板上的话。我问学生："你们从前半句话中看出什么？从后半句话中又看出什么？"学生说："从几个进步的学生身上，看到我们班的进步。""我很高兴老师说我们是优秀班集体，我会更加努力。""我看出每一个人好，班级才会好。""老师看到我们好，也会更主动、更努力地教我们，说明我们表现好对老师有积极作用。"

我说："你们说得很好！我们每个人对班集体都是有责任的，我们的班级、学风对教师的讲课态度是有影响的。生活在群体中的每个人，对他人都有影响，好的影响越多，社会就会更好，坏的影响越多，社会就会越坏。所以，不要埋怨社会，也不要埋怨别人影响自己，要从自己做起，担当起自己应担的责任。"

经过几次调整，这次活动让学生懂得了：一切进步都要靠自己，要从小事做起，努力做好，自己的事情要自己负责任。

三、反思与建议

（1）活动需要不断调整。不管一个活动开始设计得多好，在实施过程中都有可能会出纰漏。教师在教育活动过程中要注意活动的跟进，及时调整，而问题的出现恰恰可以考查活动的实效性。教师要善于研究，积极改进，千万不要一发现问题就全盘否定，停止活动，朝令夕改可能会让学生无所适从，将来不再重视活动；也可能会让学生看不起教师，从而更加散漫。所以，教师要严密观察，及时思考顺势而为的新方案，关键是要让改进的方案走进学生的心里，让他们心悦诚服。

（2）对于自由度较大的活动，要注意单个辅导。自主学习对成人都是难事，对学生更是如此。教师要根据学生的年龄特点、性格特点，找学生进行个别交流，以鼓励为主，提供一些有效方法。尤其对于散漫的学生，更需要每天关注。教师的一个眼神、一个动作、一次交谈，都要以激发学生的内动力为目标，真诚地关心他们，活动才可能收到好的效果。

（3）让学生获得美好体验，是形成责任感的动力。我很喜欢一句话："人的成长其实不是知识，所有人的成长背后都有一个核心问题，那就是他知道时间过去了。"这种顿悟产生的同时，就会形成责任感。具备责任感，是一种很优秀的品质，然而对于学生而言，这是较难理解的词汇。教师在培养学生责任感的时候，要重视学生的体验。对家庭的责任感，对同学的责任感，对班级的责任感等，都要让学生清晰地感受和体验。没有感受和体验，就没有思考，就不能促成自制力的形成。学生在此活动中感受到早起对家长的重要，对家庭和睦的重要，就有了克服自己缺点的动力。在遵守纪律与违反纪律中感受到教师的不同态度，就会激发学生思考自己对自身行为负责任的重要性。这样主动深刻去理解，才会逐渐形成有责任感的完美人格。

第六辑

创新实践

30 "为你好"的真谛是什么

一、设计缘起

一天，科任老师找到我说："你们班的学生太散漫了，上课看课外书、传字条，下课我没讲完，他们就说下课了，要上厕所，明摆着和我对着干……"我找来学生问原因，事情是这样的：老师讲的是有关太空的知识，小龙（化名）知道很多，想在课上发言，可他说得太多，影响了老师的上课进度，老师就让他下课再说。小龙觉得老师讲的他都知道，没意思，就自己看书。他的手中经常有科技太空之类的书，看到新鲜的内容就写在小字条上传给同学，有时还画上漫画，逗得大家偷偷笑。今天老师打断他的发言，他不高兴，所以下课铃声响了，就故意说老师拖堂，要上厕所，实际上是表达自己的不满。

我向其他学生了解情况时，发现大家都赞同小龙，认为老师不对。我追问为什么？少数几个学生说，老师应该让小龙把话说完，更多的学生关注的是老师拖堂了。了解完这些情况后，我认为这样对立下去，对学生和老师都不好。而且，老师如果不能了解学生的真实心埋，有可能很难上好课。另外，还有拖堂的问题，老师觉得拖堂是为了学生好，但学生并不领情，应该在师生间达成共识。

师生之间的矛盾，恰恰是促使学生探索的契机，让这些 00 后用他们自己的创新方法去解决问题。于是，我决定把问题抛回给学生。

二、教学设计与实施

● 第一环节：出示矛盾，寻求帮助

在课上，我对学生说："昨天科学课上，你们和老师发生了不愉快，我很担心，去问了科学老师，他说你们太散漫，上课看课外书、传字条，下课没讲完，你们就要求下课，上厕所，明摆着和他对着干。可见你们都对他的拖堂很有意见。这么大的矛盾，我真是没办法解决了，很为难。你们帮我想一想，矛盾的根源到底在哪里？"

我觉得老师不尊重我们，上课只有老师有权讲，不愿让我们多说。

我觉得老师应该知道拖堂是不对的，我们需要休息，下一节是数学课，不休息怎么上课听讲，怎么专心？

我觉得老师只是为了完成他的课，根本不关心我们的想法，许多次下课时我向他请教感兴趣的问题，他都懒得讲，推脱说还有课就走了。

我们课间玩游戏，正在较量的兴头上，上课铃响了只好上课，就等着课间继续战斗，可下课铃响了很久，老师还讲课，我们的心里就很生气。

老师总觉得占用我们的课间是理所当然的，还总是口口声声地说为我们好。

……

听到学生的这些发言，我让他们归纳，哪些意见是个人问题，哪些意见是大家的共同问题。

学生把大家说的问题归纳后，发现80%的学生反对拖堂。这个问题是大家的焦点问题。我说："很高兴你们比我们那一代人有进步，我小的时候，老师说什么，从不怀疑，从不反对。现在你们有自己的思想了，这是一种进步，但是我们思考问题时不能仅仅站在自己的立场上，这样就太偏执了，要科学分析问题，了解对方的想法。"

于是，我给学生留了作业：中小队干部采访一位自己信任的教师，问一问他拖堂的原因。

● 第二环节：从学生的角度研究教师拖堂的原因

第二天上课时，先由学生回忆教师拖堂的原因：上课有学生随意说话，违反纪律，耽误了讲课时间；美术课有时候没带美术用具，影响课堂进度；计算机课因为不安静上机，拉拽椅子出声响，或是和周围学生偷偷打游戏被批评，影响下课；数学课因为有人不写作业，老师收作业时调查情况耽误下课……

小干部汇报了自己的采访结果：

数学老师：上课前必须了解哪些同学没有完成作业，上新课时好多关注这些学生，以免再落下，因此可能会耽误一点儿时间。数学是一门逻辑性很强的学科，有时下课就差一点点没讲完，担心第二天再讲会影响学生的整体理解，不得已才拖堂。

英语老师：为了让大家在比较真实的环境中学习英语，课上设计了很多丰富的活动，但是一让学生离开位子组织活动，尤其是演情景剧，总有学生随意讲话，不听要求，影响纪律。因此，在组织教学时总是耽误时间。有的组到下课时还没有练习完。为了学生都能充分练习，只好拖堂。

美术老师：总有学生上课不带美术用具，东借西借，借不到用具就说话，影响课堂纪律。我经常要解决这些问题，所以耽误下课。

计算机老师：几个学生总是不完成课堂练习作业，而去上网玩游戏。下课完不成，就要被留下，这也是为了学生好。

科学老师：学生总觉得自己知道很多，可是教科书中有硬性的规定，必须全班学生准确地掌握教学内容，才能拓展课外知识。有些学生总想课上多说一说自己感兴趣的，可那些有时偏离了教学内容。我一周就一节课，必须按时完成课内教学任务，所以有时候会拖堂。

……

我把"为了学生好"写在了黑板中央，问学生："老师是不是真的为了你们好？请思考。"

学生思考后觉得老师的确是为了自己好，才不得不拖堂。达成这个共识后，我问："可不可以不拖堂？有什么好办法让双方都满意？"

学生顿时安静了。我请他们讨论，给出解决方案。

学生中有一半说，"要遵守纪律""带齐上课用具""按时完成作业"等，尽量不影响上课进度。也有些学生提出了很犀利的见解：

我觉得老师的备课也应该精细，课堂活动的设计应该紧凑，有时耽误的时间是老师没有准备充分。

对呀，那次老师上课用的演示文稿放出来格式不对，调整了半天才上课。耽误时间应该由老师负责，不应该拖堂耽误我们的时间。

还有那次英语课，老师让学生演小话剧，可是道具没带齐，让学生回办公室找，耽误了时间。

其实我们知道老师是为了我们好，但有些时候的确是老师的问题，老师也应该改正。

为了我们好，也不一定就有好结果。就像我妈妈为了我好，总是什么都帮助我包办代替，我不但不开心，反而很反感。

我在黑板上写下"吾爱吾师，吾更爱真理"这句话，然后对学生说："你们的发言很好，能够根据事实认真分析，有理有据地提出观点，这是很棒的！你们的发言有三个方面：第一，主动找出自己的问题，从自身的不足思考改变的方法，这说明你们敢于承担责任。第二，你们长大了，能够很准确地看到老师的问题，这说明你们很有分析问题的能力。第三，有学生提出了'为了我们好，也不一定就有好结果'这一论点。现在，我们再思考一个问题：应该以怎样的方式，既可以把我们今天讨论的问题和给老师的意见传达给他们，又能够让师生间愉悦地接纳。开动你们的脑筋吧。"

学生小组内议论纷纷，思维非常活跃：

我觉得可以向计算机老师建议，由两三个电脑学得好的学生帮助老师巡视讲解，这既提高了学生解决困难的效率，又盯住了那些不自觉的学生，先完成作业。

美术课总忘记带用具这件事，我觉得应该让美术课代表提前一天写在家庭作业栏，提醒大家，晚上再到班级微信群中提醒一次。

　　依照前面的办法，数学组长也应该多提醒总不爱完成数学作业的学生，晚上常打电话帮助他们。

　　数学老师比较严肃，我担心他不高兴我们提意见，要不我们画几幅小漫画，把憋尿难受、想继续课间玩游戏等愿望告诉他，省得当面提意见，他会很难堪。

　　数学老师用实物投影比较多，我愿意当志愿者，每天课前把实物投影安装好，节省上课安装时间。

　　我说："用漫画的形式，亏你们想得出来，真不错！化严肃为轻松，这个方法很创新。"

　　"老师，快到元旦了，我们准备排练一个节目，讲述老师的辛苦，也表达我们渴望宝贵时间休息的愿望，请老师们来看好不好？"

　　"我来编吧，编成小品，让大家开开心心地相互了解。"

　　"我来演，我来演，我一定能演得很像。"

　　……

　　学生的可爱让我感动。

● 第三环节：寻找"为了你好"，感受"为了你好"

　　上面的问题解决了，学生各领任务，完成自己的设想。为了培养学生的探索意识和批判性思维，我又进一步拓展了问题："前面一位学生说，为了我们好也不一定有好结果，就像他妈妈为了他好总是什么都包办代替，他并不开心，反而很反感。我想这样的情况其实很多，请同学们观察一周，看看在什么样的情况下会听到这样的话，记录下来，一周后在班会上交流。"

　　一周后的班会上，学生的发言令人惊奇：

　　每年都五月份了，我妈妈还总让我穿秋裤，说是为我好，春捂秋冻，我很难受。一上体育课就出很多汗，秋裤都贴在腿上，别扭极了。

我爸爸给我报了许多课外班，星期天都没空玩，总是说为我好，其实我很不开心，上课总想走神。

我在电视上看到一个不孝顺的儿子为了占有妈妈的房子，把妈妈送到养老院，还说为了他妈妈好，真是太过分了，虚情假意。

……

这次讨论后，学生懂得了不能仅仅听语言表面的意思，还应该有自己的思考。最后，我提示学生："这些天我们收集到了许多亲朋好友、父母长辈、老师同学说的'为你好'，大家了解到了这句话的真谛，知道自己应该怎样去分析这句话。但我要强调一点，可能亲人长辈会因为太爱你们，或者眼界的问题而有错误的理解，你们要懂得他们是真正爱你们的，方法不当可以交流，不能因为今天我们学习了，就用自己的观点去责备或者伤害长辈。"

三、反思与建议

（1）这次活动中，我没有单纯地批评学生，而是注重引导他们分析遇到的问题，自己收集信息，科学分析，得出公正的观点。学生在采访的过程中，深入了解教师的心意，解除了师生间的误会。其实，很多时候人与人之间的误会，仅是因为缺乏沟通。

（2）老师和学生的矛盾再大，目标都是一样的。我抓住"为你好"这个核心点启发学生思考，获得了很好的结果。引导学生认识到：解决矛盾，并非为了战胜对方，而是为了解决问题，所以我们要关注方法，善于从复杂的问题中剥离出最核心的矛盾，这样才更容易解决问题。

（3）教师要相信学生，从内心真正相信他们可以交流、可以沟通。这说起来容易做起来难。教师要坚信一代比一代强，在教育教学中给学生自由探索的权利，不要害怕他们提出无理的要求，相信他们的心中是有正直与公正的，教会学生透过矛盾思考解决问题的方法，培养实事求是的精神和科学公正的态度。

31 灯笼里的传统文化

一、设计缘起

"中国的节日没有意思，春节就在家吃饭聚会，特无聊。"

"欧美国家的圣诞节很好玩。"

"巴西的狂欢节多有意思，彩车、舞蹈，多有趣味。"

"对呀，德国的啤酒节也很好玩。"

"就是，中国的节日最没劲！"

听到学生的这些话时，是在元旦前，学校要开展"灯韵活动"。这是我校的传统活动。活动要求学生用废弃的东西制作灯笼，目的是培养他们的创新精神。在我看来，学生对自己国家的节日不感兴趣，主要原因就是，社会发展太快，不再以过去的农耕为主要生产形式，于是传统文化失去了祖祖辈辈口口相传的机会。学生对民族文化不够了解，当然就不能领略民族文化的内涵。

在《爱弥儿》中，卢梭采取的在实际生活中言传身教和寓教于乐的教学方式，让我感触颇深。想一想，孩子缺乏对传统节日中文化的体验，春节就是一起吃顿饭，虽然新衣服天天穿，好吃的天天有，唯独没有他们最喜欢的节日趣味，没有体验，对传统节日的期待值就会降低，自然就没有兴趣。

作为教师，培养学生对本民族文化的认同，是极其重要的。所以，应挖掘出日常生活中的传统文化，与教育紧密结合到一起。于是，我决定把每年学校开展的"灯韵活动"作为学生自由探索、实践、创新、享受的过程。

二、教学设计与实施

● 第一环节：灯韵活动创意设计大展

我向学生征集本班"灯韵活动"的设计方案，在班级壁报中展示，并让学生挑选出自己最喜欢的方案。以下是学生选出的设计方案。

10月初，"品味灯笼中的文化"活动启动仪式，了解活动目标和活动流程，收集民族文化相关资料。

10月中旬，交流收集到的资料，确定精华内容制成小报，做成壁报再交流。

10月下旬，设计自己的灯笼。

11月上旬，把设计的灯笼拿到学校与大家交流，汇报灯笼代表的文化内涵。

11月中旬，再次制作灯笼，改进提高。

● 第二环节：品味灯笼中的文化

先由学生分组讲述灯笼代表的文化内涵。学生从灯笼的传说中，感受到了中国人的美好愿望：注重感恩，敬畏圣贤，祈求幸福、平安等。

传说：

元宵节打灯笼的习俗始于东汉时期。东汉明帝刘庄提倡佛教，听说佛教有正月十五僧人观佛舍利、点灯敬佛的做法，就命令这一天夜晚在皇宫和寺庙里点灯敬佛，令士族庶民都挂灯。以后，这种佛教礼仪节日逐渐形成民间盛大的节日。

每年正月私塾（古代的学校）开学时，家长会为子女准备一盏灯笼，由教师点亮，象征学生的前途一片光明，称为"开灯"。后来就由此演变成元宵节提灯笼的习俗。

唐开元年间，为了庆祝国泰民安，乃扎结花灯，闪烁不定的灯光，象征彩龙兆祥，民富国强。花灯风气至此广为流行。

从长信宫灯感悟到灯笼历史的悠久，从灯笼的外形配饰中感受到中国人喜欢"温婉玉洁""外圆内方"，从灯笼的绘画和剪纸装饰中感受做人的原则——孝顺之心，追求仁义礼智信，从挂灯笼的场景中感受中华文化注重礼仪。

在活动中，我也讲述了自己和灯笼的故事，让学生感受到灯笼在中国人的心中是童年的美好回忆，已经融入浓浓的乡情。

我小的时候最喜欢过年，那时候玩具少，过年时家家户户的孩子都会得到一个漂亮的灯笼。等到天黑了，我们就每人提着自己心爱的灯笼去"游灯"，据妈妈说，这样长大的孩子会很勇敢。

那年我七岁，好不容易盼到天黑了，点燃灯笼中的蜡烛，兴奋地和一大群孩子去游灯。大家的灯笼各式各样，有小猪的，有孔雀的，有荷花的，千姿百态。我们大家嘻嘻闹闹地在湖边走，那景象真是美好。可是，突然一阵风刮来，把我的灯笼吹着火了，瞬间灯笼就烧没了，我伤心地哭了。这时小伙伴就过来说："你玩我的吧！""你拎我的灯笼吧！"结果那天我因祸得福，别人只提一个灯笼玩，而我，却轮番玩了十几个灯笼，开心极了！

这些记忆至今仍记忆犹新，你们猜猜，这小小的灯笼在我心里是什么？
学生说："是友谊。""是快乐的童年。"
我说："是浓浓的乡情。"

这段讲述牵引着学生和我一起回到童年，也激起学生极大的兴趣。一位学生兴奋地说："游灯那么有趣，老师你也带我们去游灯吧！"

我被学生的创意点燃，赞赏他的建议，说道："课下我们把'灯韵活动'的设计方案继续完善。"

经过学生的精心设计，全班定于正月十五一起去游灯。我提示说："你们知道吗，古时候的元宵节不仅要游灯，还有赏灯、猜灯谜、品美食、看杂技等许多有趣的活动。"学生一听更是兴奋，立即商议完善活动方案，加入传统习俗让活动更有意义，并给每个组分好工，连家长委员会都分配到了工作。

● 第三环节：元宵游灯会

"元宵游灯会"一下子吸引了学生的兴趣，他们拿着自己制作的各式各样的灯笼游湖。在此过程中，家长事先埋藏好"宝贝"，让学生一路打着灯笼寻找。宝贝寻找完毕，学生到湖边的集合地点闯关：家长出灯谜，猜元宵诗，对对子，让学生比赛，最后进行"亲子活动——送寿桃"。这一系列的活动都在颐和园外街心公园的湖边进行，学生尽情享受了节日带来的新意，感受了神秘而愉悦的节日气氛，品味着节日里的亲情。

活动过后，他们写下了自己的感受：

我觉得最有意思的游戏就是寻宝了，我们提着灯笼在丛林里探索，好玩极了！

我觉得元宵节游灯太应景了！其中，猜谜游戏可以锻炼人的脑力，寻找"宝贝"又可锻炼人的眼力，非常有意思！

元宵节游灯

我发现很多谜语都有历史故事，让我学到很多知识。

这次活动充满神秘感，让我很兴奋。

找妈妈的亲子游戏中，我知道妈妈手的皮肤很薄，指甲又长，虽然蒙着眼睛，但一猜就知道那肯定是妈妈的手。我看到自己猜对了，开心极了！

活动后，我和学生交流活动体会，他们说："我过去从没有过过这么文雅与狂野相结合的节日""现在觉得中国的元宵节很有意思，不比圣诞节差，希望以后多开展这样的活动"。在感受灯笼文化的过程中，学生越来越热爱传统文化。这次节日课程，十分有效。

三、反思与建议

（1）学生的创意是无限的，要重视培养他们的创新精神。学生愿意从自己制作的灯笼中深入思考中国文化的内涵，每个学生都有充分收集材料和真实的体验过程，对灯笼中的文化有所感悟，有所思考，交流时思维活跃。学生的综合实践能力有两次意外的精彩展示：提出用灯笼做班级的心愿箱，表达出对班级的热爱；提出班级开展一次正月十五的游灯会，说明他们已经想要改变自己过春节的形式。我及时给予回应，当场确定了这次游灯活动，并在课后实施了游灯方案。这些建议体现了学生的创造性，不仅使他们热爱民族文化，更提高了他们参与社会生活的意识和能力。

（2）让传统文化课程回归生活。学生提出去游灯，我就带领他们去体验。在游灯时，学生猜灯谜，提灯夜游，观湖赏景，真正感受到了中国人自古以来对平安、健康、幸福生活的向往。在活动中，学生兴奋快乐，交流充分，浸润文化，受到启发，深入思考文化的内涵。他们还找到我说："灯笼上有很多美女图，古代美女是这样的吗？""灯笼上的灯谜，在古代只有上过学的人才能玩，没上过学的怎么过节？""中国人除了忧患意识和爱国精神，还有什么民族精神吗？"从这些问题中，可以看出他们开始对民族文化有了兴趣，有了新思考，这就是点燃新的探索的起点。

（3）从教育目的来说，爱国主义教育很重要的一个方面，是对本民族文化的热爱。在活动中，学生指着灯笼上的黄色祥云图案自言自语地说："灯笼上为什么有这个？"我启发学生："想一想2008年北京奥运会上，火炬下面也有祥云图案，这灯笼上也有祥云图案，为什么？"学生在启发下明白了有火的地方就有祥云。我又启发大家："云是未雨之水，为什么点火的地方就有祥云图案？"学生知道了水能救火，悟到了中国人的忧患意识，感受到了灯笼文化的博大精深。

32 锁定"尊重"悟内涵

一、设计缘起

一天在厕所，听到清洁工批评一个学生说："你怎么把这么多纸片撒一地，我刚打扫完。"那位学生满不在乎地说："你管得着吗？"就走了。清洁工无奈地说："唉，这是什么孩子啊。"

还有一次，看到中午送饭的食堂校工一手拎两个大饭桶往楼下走，一群学生向上走，本应该等校工过去再通过，可他们却一起从校工身边挤了过去。校工吃力地左躲右闪。我当时看到就批评了这些学生。

学生不懂得尊重劳动者，可不行！

为此，我设计了几种活动方案，但都不理想，最后我想还是应该从了解学生的内心世界入手，和他们一起探索更好的解决途径。

二、教学设计与实施

● 第一环节：了解学生，探索方法

我挑选了班里几个平时很懂礼貌、对人很尊重的学生座谈，把前面看到的学生不尊重清洁工、校工等的事件讲述给他们，并询问原因。

学生说："也许觉得清洁工穿的衣服太脏。""也许觉得这些人不够伟大。""也许觉得他们是外地人，打工挣钱，工资低，不值得尊重。""可能是家长从小就没有告诉他们，这些人值得尊重。我奶奶从小就让我向小区的清洁工问好，所以清洁工都很喜欢我。我知道他们家的很多事，也知道他们很勤劳，所以尊重他们。""我上幼儿园时，一次在餐馆吃饭，我对服务员叫嚷着要勺子，被爸爸严厉批评，并且道歉。爸爸告诉我，每一个靠劳动养活自己的人都值得尊重，不应该势利眼。""对对，我妈妈也说过她最讨厌势利眼的人，要对身边的人有礼貌。我从来不觉得清洁工低人一等。"

我说："我们大家一起想办法，回家与家长一起商量，或者利用网络等途径，认真想一想怎样才能教育这些学生懂得尊重他人。"

第二天，我们再次交流，大家说出了几个办法：

"我在网上看到许多劳模的事迹，都很感人，我觉得应该让同学们读一读，了解更多的普通人。"

"我妈妈说小孩不懂得尊重，大多因为家长不注意教育，应该先让家长重视起来。"

"我爸爸说他们单位反腐败，带着领带去参观监狱，亲自感受失去自由的样子。这种体验很好。他说也应该让学生走近这些普通的劳动者，了解他们的家庭情况，了解他们的困难，了解他们的勤奋，也可以体验清洁工的工作，知道清洁工具有不怕苦、不怕累、不怕脏的精神。"

"我爷爷说只有真正关心劳苦大众的人，才会成为人民崇敬的伟人。他建议我们搞一些活动……"

"我妈妈说普通人也是伟大的，邓亚萍得到冠军后就感谢那些默默陪练的队友。"

我说："你们的建议非常好！根据大家的建议，我们一起设计活动方案，以体验为主，尽量少说教。"

于是学生在午饭后分小组讨论，经过讨论设计出几个方案：

方案一：走访学校的校工，采访他们，了解他们。

采访的问题：（1）为什么来北京工作？

（2）每天工作多长时间？

（3）最开心的事情是什么？

（4）最想对学生说什么？

方案二：走访名人故居，了解名人的追求和他们的贡献。

参观任务：（1）了解名人对社会的贡献。

（2）了解名人的趣事或事迹。

（3）了解名人的奋斗目的。

方案三：召开一次家长交流会。

目的：让家庭教育和学校一致，关注孩子平时对普通劳动者的态度，培养他们懂得尊重他人的意识。

● 第二环节：走访校工

我用半节课的时间，让学生采访校工，回来后交流。

"我看到厕所的清洁工阿姨，一打上课铃就马上打扫厕所，一个一个池子地用墩布仔细拖干净。我以为这样就干完了，结果看到她在一个大桶里倒上消毒水，把墩布消完毒又墩了一遍。她后背的衣服都被汗水浸湿了，真的很辛苦。"

"我看到科体楼的厕所有人没有冲大便，清洁工毫不埋怨，默默地打扫干净。我觉得她真是默默无闻、任劳任怨。我问她不能换个工作吗？她说家里两个孩子读书，需要她挣钱。她没有别的本事，就努力做好清洁工吧。为了孩子有出息，她心甘情愿。我觉得她是一个好妈妈。"

"我看到电工师傅站在高高的架子上修顶灯，他歪着脖子弄了很久，后来灰迷了他的眼睛。他揉了半天，然后继续修。我问他 天工作几小时，他说住在学校，随时工作。没办法算时间，有时夜里都要加班。"

……

最后一个孩子的发言，最打动大家：

"我问清洁工阿姨有同学不懂礼貌，您生气吗？她说我们都是小孩子，不生气。我问她最高兴的事是什么？本以为她会说多挣钱，或是孩子考上大学，或是回家过年什么的，没想到她说最高兴的事是：看到我们这些孩子笑。我当时很意外，真的感受到她很可敬。"

我问学生："这些普普通通的劳动者，勤奋善良，有爱心，值得我们尊重。回想自己过去的做法和对他们的态度，你们有什么思考？"

学生沉默了许久说："我们应该尊重他们，以后再也不能看不起他们了。""我们不应该总是乱扔东西，给他们添麻烦。""我们应该为自己过去做得不好的事道歉。"

我说："光说不练，可不行！你们想一想怎样向这些普通的劳动者表示自己的感谢和尊重？……"

学生说了许多，我建议："不能用父母的钱去完成自己的心愿，要表示自己的真诚，就要自己去努力。"

学生经过讨论，最后决定利用周末收集家中的废品，卖掉换钱，给大街上的清洁工送去关心。这一建议得到大家的赞赏，并决定把它当作周末作业。

● 第三环节：暑天送水

周末，学生纷纷走上大街，用自己的真诚行为慰问清洁工。他们的笑容和清洁工们的笑容，汇成最美的图画。

学生慰问清洁工

学生在活动感想中记录道：

我今天把家里所有的废品都收集好，送到废品回收站，换了12块钱，累得我出了一身汗，但心里挺开心。真没想到平时我扔了那么多废纸，真是浪费！以后要注意回收废品。

我拿着卖废品的钱，到商场认真挑选了三种饮料。我不知道清洁工阿姨喜欢喝哪一种，多选几种供她们挑选。

我看着陌生的清洁工阿姨，害怕她们不接受，犹豫了很久。想到老师说过，只要我们是真诚的，一定能让清洁工阿姨感受得到，才敢走过去。

真没有想到，清洁工阿姨那么高兴！我仅仅送上一瓶饮料，说了一句感谢您了。阿姨的笑容让我印象很深，我从未看到她们有这么美的笑容。

我觉得自己今天送过饮料后，像是长大了许多。过去总是别人照顾我，今天我也能够照顾别人了！

从前总觉得清洁工很平凡，今天看到她们在这么热的天气中还要打扫十几条街道，尤其和她们交谈后，听到她们说每天早晨5点就出来扫街，一直要工作到天黑，我觉得自己应该尊重她们，以后再不能随便乱扔垃圾了！

……

所有这些感受，都是学生的肺腑之言。更让我惊喜的是，有班干部倡议：学生课间自愿向学校里的清洁工道歉。这让学校的清洁工非常感动！

这个活动影响到几个月后的母亲节、教师节。节日期间，学生都主动为校工送去贺卡或小礼物，元旦联欢会还有学生把他们请到班里来参加联欢。

三、反思与建议

（1）活动不要图轰轰烈烈，要让学生的心被润泽。这个成功的教育活动，让我想起了《静悄悄的革命》这本书。佐藤学教授笔下的"静"，是指教学改革并不是一场轰轰烈烈、热热闹闹的革命，而是"从一个教室里萌发出来的，是植根于下层的民主主义的、以学校和社区为基地而进行的革命，是支持每个学生的多元化个性的革命，是促进教师的自主性和创造性的静悄悄的革命"。这次活动讨论后，学生都说要道歉时，我说："光说不练，可不行！你们想一想怎样向这些普通的劳动者表示自己的感谢和尊重？……"引导学生像淡墨晕染宣纸那样慢慢地认识自己、纠正自己。

（2）尊重劳动，尊重他人，特别是普通人，是我们今天需要教会学生的重要课题。小学生的认知还没有定型，面对唯利是图的不良社会风气，面对有些人鄙视普通劳动者的错误意识，他们很容易受到影响。教师一定要善于抓住机会，教会学生去尊重周围的人，为社会的温暖、和谐埋下种子。这也是人文教育的重要内容。

33 探索"重字"，自由求真

一、设计缘起

一天讲评作文课，内容是根据语文课文中的现代诗《种子的梦》仿写诗。学生在交流的过程中，提出"前面读的诗中有重字，应该避免用重字，这样会显得语言匮乏"。另一位表示赞同，还举出了毛泽东改诗的故事来证明："我知道毛泽东就在别人的提示下，把《七律·长征》这首诗的'金沙浪拍云崖暖'改为'金沙水拍云崖暖'，这就是为了避开五岭逶迤腾细浪的'浪'字。"

课后，我回味学生的发言，觉得他们能够有理有据地谈论自己的看法，这很好，但对于诗的要求，应该以很好地表达情感为主，不应该进行僵死的规定。比如，李清照《声声慢》中的"寻寻觅觅，冷冷清清，凄凄惨惨戚戚"，虽然这么多的重字，却绝妙地表达了诗人的内心感受。于是，我决定给学生一些引导，让他们自己探索，得出诗歌不拘一格的重要性。

二、教学设计与实施

● 第一环节：收集资料，自行分析

我在课上说："有同学提出应该避免重字，否则会显得啰唆。大家有争论，有什么方法来证实自己的观点？请同学们回去多多思考，明天午饭后我们讨论。"

课下，我想到这个问题对于小学生有些难，就找来几个语文学得较好的学生，建议他们去收集一些诗，品读这些稍稍容易的诗词，体会重字是否真的不好。我给学生提供了一些诗目，如王维的《渭城曲》、白居易的《暮江吟》、温庭筠的《梦江南》、苏东坡的《水调歌头》等。学生在收集阅读的过程中，先自己阅读解释，体会诗文中的重字现象是不是使文章减色了。

● 第二环节：交流观点

第二天，学生在课上进行交流：

我收集的是李煜的"帘外雨潺潺"，我觉得叠词用得很好，把雨的那种连绵不绝写得很生动，表达了作者的愁绪也是绵绵不断的。

我收集的是蒋捷的《一剪梅·舟过吴江》。其中的"风又飘飘，雨又潇潇"，我觉得重用字很有意境，读起来能给人意犹未尽的感受。

我收集的是杜甫的诗句"半入江风半入云"，我觉得很有画面感。

我收集的是苏东坡的《水调歌头》，用了两个月字、两个天字、三个有字、三个何字、三个不字、三个人字，但是读起来依然非常美。

我收集的是欧阳修的《蝶恋花》，其中的"醉眼问花花不语"，我觉得太逗了，太可爱了。

我收集的是苏轼的《蝶恋花·春景》，"墙里秋千墙外道，墙外行人，墙里佳人笑"。

……

我又抛出新问题，引导学生进一步思考。我说："从你们的发言中，我看出大家都觉得重字是可以的，可以表达很丰富的内容，并不一定会让人觉得啰唆，但是可以随意用吗？有没有规律？请大家用自己擅长的学习方式解决这一问题，看看有没有新的发现。"

● 第三环节：灵活运用

经过查阅资料和网上自学，学生整理出重字的用法：重字、重句、顶真、连动、连环、对账、反复、呼应等，但也有一些学生不懂的词语，比如连动等。这时由语文素养比较高的学生担任讲解，现场问答。

有一位学生通过问自己的姑姑——一位中学语文教师——知道了"连动"。他举例说："杜甫的诗《绝句漫兴》中'眼见客愁愁不醒'，第一个'愁'是动词发愁的意思，第二个'愁'字就是名词愁苦，做主语，表示前后连续发生的动作。这重字用得并不难受，反而很生动。"

还有一位很喜欢语文的学生通过网上学习，了解了"顶真"。他说："顶真亦称联珠、蝉联，是一种修辞方法，是指上句的结尾与下句的开头使用相同的字或词，用以修饰两个句子的声韵的方法。注意：使用这种方式时，毋须限制上下句的字数或平仄，但上下句交接点一定要使用相同的字或词。比如温庭筠的《梦江南》中的'千万恨，恨极到天涯'，就是顶真的修辞手法。"

经过现场问答和反复诵读，学生知道了诗歌的美，知道了不能拘泥于格式规定，否则就会被束缚，诗歌就会失去灵气。最后，我回到当初学生提到的《七律·长征》一诗，让那位学生读一读其中有多少重字。

七律·长征

红军不怕远征难，万水千山只等闲。

五岭逶迤腾细浪，乌蒙磅礴走泥丸。

金沙水拍云崖暖，大渡桥横铁索寒。

更喜岷山千里雪，三军过后尽开颜。

这位学生发现"水""军""山""千"都是重字，反复诵读几遍后，欣然笑了，说："看来不能听到什么故事就不假思索地认可别人的结论，要自己思考分析。"我说："对呀，不论生活中还是学习中，都要具体问题具体分析，要有探索精神，学会自己求证。只要上课多思考，多提出建议，就会对自己、对他人产生积极的影响。"

经过学习，班里的小才女灵感大迸发，挑战了一下自己，故意用重字仿写了《种子的梦》：

不同的梦

我梦
你梦
他也梦
梦想
带领我们寻寻觅觅

春风梦想春雨
春雨绘出春色

秋风梦想落叶
落叶舞动秋思

夕阳梦想晚霞
晚霞醉洒绚丽

虎跃梦想龙腾
龙腾创造辉煌

种子
只有一个梦
发芽
发芽
每天长高
一点点

学生灵活地创造、大胆地创新，令我赞叹。

三、反思与建议

（1）创新的基础是具有独立思考的能力。要想培养创新精神，就要使学生体会到独立思考的重要性。在这次活动中，我仅仅提供了一个靶子，让学生自由地寻求解决的方法。通过此过程，学生明白了学习是自己的事，通过自己的探索，得来的知识最令人信服。

（2）培养学生具体问题具体分析的意识。作为教师，要带领学生探索解决问题的途径，进行有意义的思考。如同活动中我让学生收集优秀诗词，品味重字，在赏析的过程中，在真实的诗句面前，学生自然而然地明白了道理。教师有了这样的看待教育的意识，就会知道不能简单地把答案交给学生，而要是启发他们自己去打开真理的大门。

34 创意假期

一、设计缘起

要放寒假了,学校按照惯例发放了假期活动安排通知,学生间原本愉悦的气氛忽然透出一丝厌倦。我敏锐地感受到学生不喜欢这份通知,于是拿过来细细地看了一遍,发现有读书、做家务等少先队活动。我问学生:"你们不喜欢这份活动通知,对吗?"几个学生大声地说:"是的!"我一贯比较"娇惯"学生,习惯倾听学生的意见,常常"顺从"他们的想法,所以学生在我面前往往会大胆地提出建设性的意见。我问学生:"你们喜欢怎样的假期活动?"学生说:"假期是我们自己的,我们愿意自己设计好玩的活动。""我们喜欢自由的假期,不愿意听别人的指挥。""少先队的活动太没意思了,我们都是硬着头皮做。""少先队的人根本不了解我们的喜好,太过时了。"

学生说得很有道理,而且难得他们这么有自主意识,于是我们开始了创意假期。

二、教学设计与实施

● 第一环节:各抒己见

我请学生说一说自己寒假最想做的事,他们各抒己见:

我想学打篮球，希望有同学能和我一起玩。

妈妈说要带我走遍北京的各大博物馆。我对陶瓷感兴趣，谁和我有同样的爱好，我们一起去。

我喜欢养花，打算一放假就去花鸟市场。

我喜欢去爷爷家住，爷爷总能给我讲许多故事。我特别爱和他在一起，他什么都知道，总能给我许多启发。

我想去当志愿者，可是不知道去哪里报名。去年暑假，我们小区有组织志愿者活动，割草皮，修建花木，清理鱼池，非常好玩，可今年寒假没听到消息。

我喜欢诗词，语文书中唐诗多，但是宋词很少。我最近喜欢宋词，越读越喜欢，假期准备多背背宋词。我想学琵琶，还想创作琵琶曲子，用宋词填词。

……

学生越说越兴奋，我也被他们的发言震撼了，他们多了不起！他们早已不是低眉顺眼听教师话的"乖孩子"，而是新时代有思想的学生。教师应该鼓励学生创新，让学生爱上自由而有创意的生活。

● 第二环节：确定活动主题

我让学生自己选择伙伴设计假日小队活动，他们开心极了，就和要好的同学、志趣相投的伙伴热情地商议起来。最后，大家把商议好的活动创意写到黑板上。经过大家的商讨，最后总结认定 10 个可以操作的假日小队活动。

我请学生自己选择小队，小队招募到 5 人以上就可以成立。最后，7 个小队诞生了。

● 第三环节：细化方案

根据学生的建议，我又请各小组组长细化了小队活动要求。学生积极出主意，设计表格，最后呈现出了非常好的寒假假日小队活动方案。

六（7）班　寒假假日小队活动

姓名：_____

（1）参观一家博物馆（和民俗有关的），主要了解陶瓷的发展，感受其中的文化内涵，也可以设计自己喜欢的项目，提前查阅相关资料。

"参观博物馆，感受传统文化"学习单			
时间		地点	
电子照片		感受	

（2）同学们，中国自古就有迎新年"除尘"的习俗，表示除旧迎新，追求家家幸福。要懂得"家"分"小家""大家""社区"和"国家"。今年你们又长大了，要懂得爱这个"大家"，倡导同学们春节时，为自己生活的社区做有意义的清洁工作（如捡纸屑、扫垃圾、擦健身器、清扫楼道和扶手等），装扮我们的家园（楼门口贴些对联、树挂彩灯、摆齐自行车、阳台贴窗花、摆花盆等）。请同学们开动脑筋，自己选择，让我们的"大家"更美。

"除尘好习俗，共建美家园"学习单			
时间		地点	
电子照片		感受	

（3）诗词是我国的文化瑰宝，在旅游地的建筑上会看到，在家里的陶瓷

器具等处也会看到。请关注生活中的诗词，留下与诗词相会时的倩影，感受传统文化的无限魅力。

"慧眼拾贝——与诗词相遇"学习单			
时间		地点	
电子照片		感受_____ _____ _____ _____	

（4）寻访亲戚中最优秀的长辈。了解他对家庭和社会的贡献并简单记录，认真为其写一首小诗，作为新年贺礼送给尊敬的长辈，传承高尚的精神、优秀的品质，孕育健康的家庭文化。

"传承优秀品质——孕育家庭文化"学习单			
时间		地点	
电子照片		故事_____ _____ _____ _____ 自作小诗:《_____》 _____ _____ _____ _____	

学生拿到自己的寒假假日小队活动方案，非常开心，积极地商议活动的时间等细则，主动愉悦的情绪感染着每个人。

● 第四环节：分享照片，总结表彰

　　各小队的活动随时展现在班级的微信群中。开学后，我们进行了表彰。因为活动是学生自己设计的，他们做起来格外开心，格外认真。

三、反思与建议

　　（1）国家第一次提出核心素养时，教育部《关于全面深化课程改革，落实立德树人根本任务的意见》中提到，更加注重自主发展，合作参与，创新实践。现在，我们倡导的核心素养，更是把教育目标指向"人"的培养，这清楚地告诉教育工作者，要激发学生在活动中的自主性，培养创新意识和探索精神。在这个创意假期活动中，我就是遵循这一原则，极大地开发了学生的创新意识，让他们感受到自主的乐趣。

　　（2）注意调动活动中的各种平台，让学生充分展示。我们在班级微信群和朋友圈中分享了活动照片，自然而然地激发了学生的兴趣，因此活动非常成功。看来，利用网络创设积极主动的氛围，是极好的办法。家长也纷纷反映，孩子这个假期很积极、主动，在组织活动的过程中，能力提高了很多。

35 探索少数民族的美

一、设计缘起

一天几个学生聚集起来，纷纷谈起自己旅游中的见闻。

"我们的国土太辽阔了，出去了，才知道自己生活的地方真的很小。"

"我跟着爸爸去了很多以前只听过的地方，那些神奇的地方，现在想想，都觉得不可思议。"

"是呀，我也去了很多没去过的地方，发现那些地方的文化很独特，人也很独特。"

"对呀，跟当地人交流后，才发现自己以前的认识很狭隘，他们身上的智慧真是无穷呀！"

旅行应该是学生增长见识、提高思维能力的机会，可是往往没有拓展视野，反而更显示出狭隘的认知。我决定开展一次活动，改变学生对少数民族的看法，让他们认识到少数民族的美。

二、教学设计与实施

● 第一环节：讲故事，引发思考

我给学生讲述了一个真实的故事：

一个优秀的北京导游接到一个西部的旅游团，他觉得这个团不好带，所以想推掉这个团。可是，旅行社说大家都不愿意接，所以才让他这个优秀导游来接。他推脱不掉，就只好接下这个团。

令他惊奇的是，这个团和他想象的完全不一样。他从火车站接到这个团时发现，当他说一些规定时，没有一个人打断他的话，所有的人都围着他安静地听，专注地望着他。他说那是他第一次不用停下来回答问题的发言，感觉到了被尊重的幸福。

接下来到了宾馆，他分房卡，没有一个人挑楼层、房间。第二天早上 7 点，所有人都安静地坐到了大巴车上，没有一人迟到。参观完长城后，回来的路上堵车，车上没有一个人抱怨，游客的脸上只有祥和。

去天安门参观时，导游举着小旗在前面走，无论什么时候回头，游客都整齐地排好队跟着，比他带过的日本团队还要整齐。

讲完这个真实的事情，我让学生思考为什么会这样。学生提出了他们的困惑："真没有想到，他们这么有纪律，跟我想的那边的人一点都不一样。""他们为什么有如此高的自觉性，比北京人都好？""他们的耐心是怎么练出来的？怎么会有这么好的修养？"

面对学生的疑惑，我没有直接给出答案，而是让他们自己去思考。

● 第二环节：广泛学习，探索根源

我请学生观看视频，并讲述了世界各国原住民族的情况，让学生了解少数民族在不同国家中的融合方式和途径，了解各国原住民族的追求和困惑，了解各国对待原住民族的政策。

学生在对比了解了新西兰、澳大利亚、加拿大、美国等国对原住民族的不同政策后，有了深入的思考，慢慢地在头脑中形成思维风暴。他们知道了原住民族需要帮助，懂得了原住民族有不同的信仰、生活方式和价值观。思索的大门打开了，他们想探究更多，了解更多的故事。于是我让学生回家后，选择自己感兴趣的一个国家及其原住民族，深入了解他们的故事，并提前给了学生一些指导。比如：这个民族有怎样的历史？有什么名人？这个民族的信仰与国家的主流信仰有什么不同？这个民族有选举权吗？这个民族有与其他国民平等的受教育权吗？这个民族有人担任国家领导中的重要职位吗？你觉得他们应该怎样更好地提高自己的生活质量？我相信这次的阅读思考，会让学生的思维走向深入，有不一样的视野。

果然，学生的课上发言非常精彩：

我了解了美国的情况。美国的原住民族没有自己的土地，没人担任国家领导人。美国现在还在不断地驱赶这些少数民族，并且不尊重他们的文化，在电影中总是把他们描绘得粗鄙、野蛮。

我了解到加拿大对原住民族比美国好一些，他们称原住民族为第一民族，称他们的语言为第一语言。过去加拿大也曾经把原住民族中的印第安人和梅迪斯人的孩子强行关到学校学英语、法语，这些孩子有的被虐待致死，但是他们现在已经悔过，并且在努力改变。他们认识到原住的少数民族文化是他们国家文化的源头之一，已经开始尊重少数民族的文化和信仰。

我知道澳大利亚比美国对原住少数民族好，他们有选举权。澳大利亚的原住民人口包括土著人和托雷斯海峡岛民。他们中的30%生活在大城市，43%在各州和地区，27%在偏远地区和边远岛屿。如今，丰富多样的原住民文化成为澳大利亚国家特征的重要组成部分。澳大利亚政府孜孜不倦地努力，确保原住民有机会获得土地、拥有土地，实现持续的社会、文化和经济发展。澳大利亚国土面积的16%为原住民所拥有或控制。澳大利亚政府制订了一系列旨在帮助原住民消除某些领域根深蒂固不平等现象的计划。这些计划包括改善原住民在卫生、住房、教育、就业等方面的待遇。

……

学生广泛交流，对于各国的少数民族有了更多的理解。

● 第三环节：认识我们的少数民族

了解到少数民族在各个国家的不同境遇之后，我给学生出示了中国的少数民族政策：坚持民族平等团结，民族区域自治，尊重和保护少数民族宗教信仰自由，保护少数民族风俗习惯等。最后，师生一起交流"西部大开发"政策，学生发言非常踊跃：

我明白了，我国的一些地方因为不临海，所以在改革开放中有些落后。他们如果生活在广州、上海，也一定会很优秀，我们应该多关心他们。

我觉得不应该看不起少数民族，他们是我们中华民族的一部分。我在查阅资料时发现，他们也有辉煌的历史和优秀的文化。比如，明安图是蒙古族著名的数学家、测绘学家和天文历法学家。为纪念他诞辰310周年，明安图的故乡——内蒙古自治区正镶白旗人民政府，向中国科学院提出了命名的有关申请。2001年5月26日国际天文台向国际社会正式通报了"明安图星"的命名。这是目前中国唯一一个以少数民族科学家的名字命名的小行星。

我查阅资料后发现，我们国家很尊重少数民族，给予了少数民族很多的优惠政策。比如少数民族学生中高考加分，设立民族大学，鼓励学习民族语言专业。

在查阅资料时，我发现少数民族很有智慧，他们会根据气候建造特殊的房子，还会根据气候设计制作保健的食物和酒。最有趣的是他们的节日，丰富极了，各具特色，很吸引人。

我喜欢少数民族的服装，太漂亮了！穿起来就有节日气氛，而且大多自己设计、刺绣，美感很强。

听到学生的热烈发言，我趁热打铁："今年学校要搞一次体育节，以创新的入场式为重头戏。今天大家都说少数民族的服饰很美，风俗很独特，你们有没有新颖的设计？请大家大胆创意，我们来一次头脑风暴。"

学生兴致盎然地出主意、想办法：

"咱们让五十六个民族都出现在体育节上，表现大团结。""我觉得让我们班的少数民族学生穿上民族服装，秀一秀会很有特色。"

"我们国家是五十六个民族，应该一个都不少，这样会更好。"

"应该在入场时加入少数民族体育项目，这样会更有趣、更新颖。"

"我觉得应该挑选各班能歌善舞的学生组成入场式的队伍，在入场式时表演一下歌舞。"

"穿上漂亮的少数民族服装，一定更有特色！"

"服装我们自己制作吧，那样更有意义。"

"我看到过竹竿舞，觉得很神奇，我们可以把在主席台前的口号改成竹竿舞，配上追求健康的歌词，这样多有新意！"

体育节入场

就这样，在学生的头脑风暴中，一个创新活动的方案定了下来。学生用自己家里的废弃衣物、纱巾、床单、窗帘、沙发巾等，制作了自己喜欢的少数民族服饰。在入场式上，学生走到主席台时，停下跳一段竹竿舞，配上歌词，边跳边唱，十分精彩。

三、反思与建议

（1）民族认同是国家认同的重要部分。我国是一个多民族国家，因为少数民族多聚居在偏远地区，与汉族交流不多，导致其他地区的学生对他们的认识很模糊。教师有必要设计一些民族主题活动，引导学生尊重每一个民族，加深民族感情，这对于我们这个多民族国家是很有益处的。

（2）在设计这个问题时，要有国际视野。不仅中国有民族问题，世界各国都有。一旦放到大的世界范围中，形成对比，就更容易让学生理解了。因此，教师平时要带领学生多放眼看世界，关注新闻时事，收集自己不熟悉领域的信息，帮助学生成为心中有世界的人。

（3）设计活动的时候，要注意结合学生的日常学校生活。在这次活动中，我同时运用了头脑风暴的方法，引导学生把民族特色与学校的体育节结合起来，在设计制作和编排节目时，学生能更深入地了解少数民族丰富的生活和灿烂的文化，才会从内心深处升起对少数民族的真挚关爱之情、敬重之情。

后　记

　　《小学主题教学活动35例——基于核心素养》一书经过3年多的积累、完善，终于和大家见面了。

　　作为一名小学教师，最核心的任务是为孩子的幸福人生奠基。我以为，这个"奠基"，应该指向爱上学习，愿意在学习中提高能力，乐于在困难中探索真谛，能够在生活和学习中感受到幸福。基于小学生的特点，小学主题教学活动是实现这些目标的重要载体。为此，在多年的教学实践中，我一直致力于打通课内与课外，将语文与其他学科相结合，将历史故事与新闻热点相结合，将传统文化与主题班会相结合，引导学生在这些好玩有趣的活动中学会学习，同时不断创新、探索，形成理性思维与人文底蕴，成为身心健康的阳光少年。

　　作为班主任和语文教师，看到孩子们的变化，我当然非常高兴。我把这些主题教学活动的设计和开展过程记录下来，本意在供自己反思，以便寻求更大的进步。我所在的万泉小学的景小霞校长，给了我很多点拨和帮助。在我的第一本书《阅读，我的诺亚方舟》的推广会上，她热情地激励我不要停步，继续前行。北京十二中附小的司学娟校长在读到我的文字后，鼓励我将其出版，以为更多的教师设计、开展主题教学活动提供一些可以借鉴的经验。我在清河五小进行与本书事例相关的"让教育活色生香"的讲座时，学校教师都非常喜欢。这让我觉得这些主题教学活动对年轻教师来说，可能确实有些益处，值得分享。现在，适逢《中国学生发展核心素养》发布，我意识到，这些主题教学活动恰好可以实现与核心素养的对接。小学生更喜欢活动教育，只要抓住他们的心理特点，设计出富有魅力的主题教学活动，就能使教育变得有趣、好玩，就能在游戏、活动、探索的过程中潜移默化地培育学生的核心素养。于是便有了本书的出版，我也很高兴与大家分享。

在整理这些教学资料的过程中，我的心中经常浮现一句话："人的生命基因里与生俱来就有对美的追求和渴望，我们教师要做的就是把它滋养起来，让学生感受到探索世界的美好，超越自己的美好，从而感受到生活的美好，生命的美好。"作为教师特别是小学教师，我将继续探索更多有效的主题教学活动，带领孩子们一起成长。当然，由于我的工作经验还很不足，这些活动设计难免会存在各种问题，我愿意接受大家的批评指正。希望随着本书的出版，可以与更多的同行交流，不断改进自己的工作。

林 波

2017 年 1 月 1 日

图书在版编目（CIP）数据

小学主题教学活动 35 例：基于核心素养 / 林波著 . —上海：华东师范大学出版社，2017

ISBN 978–7–5675–6345–2

Ⅰ . ①小 ... Ⅱ . ①林 ... Ⅲ . ①活动课程—教案（教育）—小学

Ⅳ . ① G622.3

中国版本图书馆 CIP 数据核字（2017）第 066901 号

大夏书系·教育艺术

小学主题教学活动 35 例
——基于核心素养

著　者　林　波
策划编辑　程晓云
审读编辑　任媛媛
封面设计　百丰艺术

出版发行　华东师范大学出版社
社　址　上海市中山北路 3663 号　邮编　200062
网　址　www.ecnupress.com.cn
电　话　021‒60821666　　行政传真　021‒62572105
客服电话　021‒62865537
邮购电话　021‒62869887　　地址　上海市中山北路 3663 号华东师范大学校内先锋路口
网　店　http：//hdsdcbs.tmall.com

印　刷　者　北京密兴印刷有限公司
开　　本　700×1000　16 开
插　　页　1
印　　张　14
字　　数　189 千字
版　　次　2017 年 9 月第一版
印　　次　2021 年 12 月第四次
印　　数　12 101‒14 100
书　　号　ISBN 978‒7‒5675‒6345‒2 / G·10273
定　　价　35.00 元

出版人　王　焰

（如发现本版图书有印订质量问题，请寄回本社市场部调换或电话 021-62865537 联系）